Ma vie en Van

FLORENT CONTI

City
Témoignage

ISBN : 978-2-8246-1407-6
Code Hachette : 17 8211 3

Collection dirigée par Christian English et Frédéric Thibaud
Catalogues et manuscrits : city-editions. com

Dépôt légal : Février 2019

Prologue

La nécessité de ce livre tient dans la considération suivante : le confort est une notion peu définie comme contrevenant à nos aspirations. La poursuite du confort est largement acceptée comme norme de réussite universelle et on l'a intégrée comme condition principale à la préservation de notre espèce. Pourtant, aujourd'hui se réveille en nous une certitude millénaire difficile à accepter : nos sociétés ont intégré le confort comme un droit fondamental, mais rarement pensé ce concept comme une aliénation. On énonce très peu tout le non-sens qui découle d'une vie de confort, et il est rare que l'on prenne au sérieux des modèles alternatifs impliquant le mouvement et la simplicité alors que ces derniers nous habitent génétiquement depuis plus de soixante-dix millénaires. La recherche d'un nouveau modèle d'existence, qui fut pour moi la vie en van, est en somme le sujet de ce livre…

Comment est fait ce livre

Dans ce livre, le lecteur retrouvera deux parties. La première regroupe les thèmes et les apprentissages induits par une vie nomade. J'ai commencé ce projet sur Internet où j'ai été amené à partager spontanément mon quotidien. J'ai voulu poursuivre *Ma vie en van* au format écrit afin de pousser certaines de mes réflexions à l'extrême et de donner plus de profondeur aux vérités mises en évidence par cette expérience.

Il y a beaucoup d'universalité et de nombreux enseignements à trouver dans l'expérience des autres pour à son tour suivre son propre chemin. C'est en partie par ces découvertes que j'ai pu forger mon parcours, et ayant longtemps profité de ce genre de littérature, il me semblait naturel d'y contribuer à mon tour.

La deuxième portion de ce livre aborde les aspects plus concrets et généraux de la vie en van : comment, combien, où, avec quoi… Aujourd'hui réel phénomène de société, nous verrons comment il est possible de devenir nomade, quel type de véhicule choisir, où dormir, quelles étapes on peut suivre. Toutefois, la caractéristique principale de la vie en van est qu'il n'y a justement pas *une seule* vie en van. Chacun se doit d'emprunter sa propre route, et d'apprendre au fur et à mesure de ses expériences. Ayant accumulé pas mal d'expérience dans le domaine, j'essaie de donner certaines clés et conseils tout en rappelant au lecteur qu'il n'existe pas de raccourci pour se créer une vie impliquant plus de liberté. Dans cette seconde partie, vous retrouverez également les témoignages d'autres personnes aux horizons variés qui ont fait le choix de vivre différemment.

Dans un monde où les réponses sont parfois rares, on nous a trop souvent appris à dénigrer la recherche de soi, à rejeter les essais et les erreurs. Dire d'un individu qu'il « se cherche » est une expression communément utilisée pour désigner un être en manque de repères, hors de la norme, comme si la suite logique était qu'il se joigne à cette norme. Mais ne sommes-nous pas tous des êtres en transition, dont l'unique dessein serait justement de constamment se chercher ?

Certains se convainquent qu'ils n'ont pas besoin de se chercher, car ils pensent détenir leur vérité et se contentent de renforcer leurs valeurs en poursuivant un idéal étranger qu'on a décidé pour eux. Aux yeux de ces derniers, les affirmations et concepts que j'exprime dans les pages qui suivent pourront paraître absolus, contradictoires, vains. Mon but ici n'est cependant pas de convaincre mais d'exprimer, et beaucoup de mes affirmations devraient plutôt être reçues comme des questions.

La vie en van m'a enseigné qu'il ne faut pas avoir peur d'abandonner nos certitudes et d'énoncer tout le non-sens que notre existence moderne tient pour acquis. C'est le projet de ce livre.

Cet ouvrage ne se veut pas un manuel de solutions, encore moins un pamphlet attaché à une quelconque école philosophique ou idéologie politique. Les réponses à nos questionnements sont multiples, complexes, et résoudre nos malaises nécessite un parcours unique, chacun d'entre nous ayant pour devoir de trouver ses propres références.

Ce n'est qu'au cours de cette construction de soi que l'on peut jouir du sentiment d'un bonheur abstrait et profond, lorsque vient le moment où l'on se découvre enfin.

Pour moi, cette découverte fut ma vie en van.

Partie 1

Une vie plus simple

1

« Il ne me reste plus qu'à mourir »

Nous sommes le 7 juin 2012. J'ai presque vingt-deux ans. Vingt-deux ans, et je suis enfin armé d'un diplôme d'études supérieures. C'est la cérémonie de la remise des diplômes aujourd'hui, mais ma copine trouve ça ridicule d'aller défiler en toge avec un sourire idiot pour célébrer notre entrée dans le monde des adultes suréduqués. Peut-être qu'elle a raison. Pour l'impressionner, je lui dis que je pense comme elle, même si j'ai l'impression de manquer l'événement unique et solennel pour lequel j'ai fait semblant d'être occupé à étudier pendant quatre ans. Ce cliché américain des chapeaux lancés dans les airs, comme si on se débarrassait de quelque chose qui allait nous retomber dessus au moment même où l'on passera les portes du campus.

Nous sommes le 7 juin d'une année marquée au Québec par des bouleversements sociaux qui ont fini par être récupérés par une élection. Aujourd'hui, nous ne nous souvenons que vaguement de ce « Printemps érable », encore moins de ses porte-parole qui étaient mes camarades de classe, et qui ont tous succombé à l'appel de positions confortables au gouvernement, se joignant à des convictions auxquelles ils juraient ne jamais adhérer. Une révolution à moitié accomplie est-elle pire que celle qui n'a pas lieu ?

Je me suis donc privé de la consécration ultime du lancer de chapeaux avec mes camarades d'études, mais j'ai également privé ma famille d'une belle photo me mettant en scène enveloppé d'une toge noire et arborant un sourire niais, avec entre mes mains un bout de parchemin décoré de mots en latin moderne destiné à être accroché au mur du salon afin que tous se remémorent ce bel accomplissement.

J'ai vingt-deux ans et maintenant il faut trouver un travail. Un job, un emploi, un taf, un boulot, un gagne-pain, une situation. N'importe quoi, mais vite. Pourquoi ? Je ne sais pas. Pour faire comme tout le monde. Pour pouvoir répondre à la question : « Tu fais quoi dans la vie ? » Pour prouver qu'on peut être diplômé et pas sans emploi. C'est soit ça, soit on s'impose deux autres années jusqu'à la maîtrise, puis quatre jusqu'au doctorat, à étudier des choses auxquelles on croira de moins en moins, à passer toujours plus de temps dans des salles de cours et à écouter des gens parler d'un monde réel dont ils sont déconnectés, depuis le confortable siège d'une bibliothèque réservée à ceux qui payent leurs frais de scolarité.

Donc, non. Pas ça. Postuler dans le monde réel. Farcir son CV de mots et termes que personne ne comprend, mais qu'on utilise quand même. Pour faire comme tout le monde. Écrire des lettres de motivation démotivantes qui seront lues en diagonale. « *Je souhaiterais vous présenter ma candidature... Je suis extrêmement motivé à l'idée de me joindre à votre compagnie... Mon expérience dans le domaine du... s'est démontrée par... »*

J'ai toujours eu le fantasme d'écrire une lettre de motivation qui exprimait ce que je pensais franchement de la situation.

Cher/Chère responsable des ressources humaines qui n'a aucune idée de ce en quoi consiste le poste pour lequel tu choisis tes candidats,
Je t'écris, car apparemment il faut faire cela, même si ça n'a pas trop de sens d'écrire tant de paragraphes pour un travail dans lequel je n'écrirai pas le moins du monde, si ce n'est des courriers électroniques sans aucun sens et faisant semblant d'être aimables dans l'agressivité passive la plus complète.
J'espère quand même que tu liras, même en diagonale, ces mots essayant de te faire croire que je suis exactement ce qu'il te faut, même si je ne le crois pas moi-même. Malheureusement, je ne connais personne que tu connais, donc je n'ai pas mis toutes les chances de mon côté, mais j'ose espérer que ce fameux « réseau », ces fameux « contacts » ne compteront pas. Quelle naïveté, je sais ! Enfin bon, voilà, j'ai copié-collé les points de ta liste qui figuraient dans l'offre d'emploi et j'ai arrangé des phrases autour. Pour ça, l'école m'a bien formé.
Toutes mes sincères salutations les plus distinguées, même si je ne comprends pas pourquoi il faut écrire cela et faire semblant de respecter

quelqu'un que je critiquerai avec mes autres collègues deux mois après avoir été engagé, et que rendu là, j'en serai de toute façon au même point, c'est-à-dire à réécrire une lettre similaire en changeant juste le nom de l'entreprise et la date, pour essayer de faire croire à une autre personne comme toi que je serais un candidat de choix pour l'avenir d'une autre compagnie n'ayant ni mon bien-être ni mon enrichissement personnel comme priorités, mais pour laquelle je donnerai tout.

Donc un emploi. Il *faut* un emploi. Toujours ce « il *faut* ». Je ne me demande même pas pourquoi. L'université ne m'a pas appris cela. Mais il me faut un travail, et à temps plein de préférence. Le contrat à durée indéterminée, Graal ultime. Et, quelques mois après avoir reçu mon diplôme et une quarantaine de lettres de motivation plus tard : une réponse. Un entretien d'embauche.

L'entretien. Encore un autre exercice où il faut essayer d'être le moins soi-même. Pire qu'une première *date* avec quelqu'un rencontré sur un site de rendez-vous galants rapides, où il faut adopter plusieurs personnalités, comme des millions d'autres schizophrènes en mal d'attention. Je ne me pose toujours pas la question de savoir si tout cela a un sens. Plus rien n'a vraiment de sens à ce point. Je ne suis plus avec ma copine, et comme si la pression d'avoir un job pendant qu'on était ensemble n'était pas assez, désormais, c'est pour me prouver quelque chose que je veux ce poste. C'est même devenu une question de vie ou de mort, ce poste. Pourquoi au juste ? Pour payer mon loyer ? Pour payer mes pizzas surgelées ? Mes week-ends au chalet avec des amis qui ne me demandent jamais comment je vais et qui m'oublieront à la minute même où je n'entretiendrai plus le contact ?

Et puis, ça y est. J'ai brillé aux deux entrevues. C'est la consécration. Job en poche. Au-dessus, c'est le soleil. Quel bonheur ! On parle en très haut lieu de mon potentiel. Dans la compagnie, dans ma famille, parmi mes amis. On s'enorgueillit de mon potentiel, même si tout ce potentiel, on ne me dit pas comment on va l'exploiter. Cela ne m'empêche pas de faire tout « péter », comme diraient certains. « Péter » le nouvel appart. « Péter » ma première voiture. « Péter » ma première télé à écran ultraplat, ultra-HD. « Péter » ma première PlayStation (ma mère avait toujours été très stricte sur l'interdiction des consoles de divertissement, les prochains chapitres lui donneront raison). Je fais « péter » le magasin suédois de meubles fabriqués en bois qui ne vient pas de Suède. Nouveau matelas *king* acheté 900 dollars au lieu de 1 300, quelle affaire ! Qu'est-ce qu'on est bien chez soi ! Pas loin, il y a plein de commerces pour subvenir à tous mes *besoins*. De quoi pourrais-je avoir bien besoin ce week-end ? Attends, je finis ma partie de GTA V. Le chef-d'œuvre du jeu vidéo où le ciel est littéralement la limite du possible. Mince, il est vingt-deux heures, je n'ai pas vu le temps passer. Je mets la PlayStation sur pause et la pizza dans le four. Demain, lundi déjà. Peut-être que ma boss va m'annoncer que j'ai ma promotion. Ça fait tout de même mois huit qu'elle me promet d'en discuter. Rien ne va assez vite. Surtout, huit mois à finir ses tâches à dix heures et demie le matin, et à faire semblant de travailler le reste de la journée.

Aujourd'hui, je comprends pourquoi cette promotion que j'attendais impatiemment a mis tant de temps à m'être offerte. Ce n'était simplement pas pour moi. Souvent, lorsqu'une chose prend trop de temps, ou qu'on la force, il faut savoir écouter son instinct : cette chose n'a pas lieu d'être.

J'attendais ce poste comme l'ultime conclusion de ma vie d'employé modèle, et je l'ai eu. À ce moment, je n'avais plus qu'à me marier, divorcer, puis mourir pour vraiment réussir ma vie.

Octobre 2014.

Je n'ai pas encore accepté le poste permanent qui se trouve dans une ville encore plus consumériste que celle où je vis actuellement. J'y pense. J'hésite. Pas vraiment. Je dis oui. Car à ce qu'il paraît, il ne faut jamais dire non à l'emploi à temps plein. Et de toute façon, je n'ai jamais su dire non.

Mars 2015.

Après trois mois d'un hiver gris et urbain à faire ma place dans ce nouveau bureau, j'ai un nouveau *manager* intermédiaire, inférieur à ma boss d'avant, donc je savoure ma nouvelle fausse promotion. Il va falloir feindre encore plus d'être occupé aux tâches pour lesquelles je n'ai pas été engagé. Ouvrir Excel pour faire mine d'être productif. Murmurer des « mmh mmh » pour avoir l'air concentré.

Depuis mon déménagement en janvier, mes journées se suivent et se ressemblent.

Réveil à sept heures.

Arrivée au travail à huit heures. Ici, tout le monde arrive entre huit heures et demie et neuf heures, histoire de mieux juger ceux qui, arrivés plus tôt, partent plus tôt. C'est pourtant logique, mais la pression de l'horloge restera toujours un pilier de la dictature du cubicule.

Dix heures trente, réunion quotidienne. Faire semblant qu'on travaille et qu'on est occupé. Les gens ont l'air de bien savoir faire ça. Moi, je ne sais pas bien mentir, donc un doute plane sur mes occupations.

Onze heures quarante-cinq, le lunch est dans la cuisine. Dans la compagnie pour laquelle je travaille, la nourriture est gratuite. On arrive quand même à s'en plaindre. « As-tu aimé le poulet au beurre de lundi ? J'ai préféré les burgers de vendredi. Ouais, c'est vrai que la pizza était sèche jeudi. »

Treize heures, j'essaye de trouver des raisons pour rester dans la cuisine où certains prennent une pause à midi, alors que les plus frustrés mangent à leur bureau en tapant sur leur clavier, comme s'ils voulaient prouver qu'ils sont plus occupés que les premiers. Vraiment compétents, ces parfaits employés. Ils peuvent manger, regarder leur écran, mâcher, travailler, digérer, taper sur leur clavier… Et ils n'ont jamais le temps de rien. Mais quel potentiel ! (Avoir l'air constamment occupé et surmené pour éviter d'être dérangé est une stratégie que certains adoptent, il faut le dire, avec beaucoup de talent.)

Quatorze heures trente, réunion en ligne sur les nouveaux objectifs de la compagnie (objectifs contradictoires en permanence, et se renouvelant chaque mois). Il faut générer plus de vues sur nos articles et reportages, mais avec moins de moyens. Bref, montrer subtilement des fesses, des poitrines et des chats de manière assez journalistique pour que ça n'ait pas l'air vulgaire, mais quand même sensationnaliste pour que ça fasse cliquer. Alterner tout cela avec des requins. Et puis, espérons secrètement un petit attentat, ça *booste* toujours un peu les statistiques trimestrielles. Les médias ont toujours su véhiculer de belles valeurs.

Seize heures trente, je vais attendre trente minutes pour partir. Sinon, on va me juger et dire que je ne fais rien de ma journée.

Dix-sept heures trente, j'enfile mon bas de pyjama. J'allume la télé et commence une série que j'ai déjà vue deux fois. Puisqu'il y avait tellement de choix, j'ai opté pour le *confort* de ce que je connaissais déjà.

Dix-neuf heures, je prépare à manger. Des légumes du marché fermier urbain dont on ne sait pas s'ils sont vraiment locaux, et si je n'en ai pas, ce sera pizza surgelée. Quand j'y pense, préparer ma propre pâte à pizza maison prendrait presque autant de temps que sortir la pizza surgelée de ses trois couches d'emballage. Mais quel effort ce serait, imaginez !

Dix-neuf heures trente, j'allume la PlayStation 3 et reprends ma nouvelle saison « Carrière de joueur » dans NHL 14. Mon alter ego en est à sa troisième saison de hockey avec déjà quatre-vingts buts au compteur. Du grand potentiel, lui aussi.

Vingt-trois heures, je me rends dans mon lit pour y tourner et faire défiler mon cellulaire jusqu'à ce que mes yeux s'éteignent.

Entre toutes ces heures, je ne me souviens même plus de ce que je faisais, de ce à quoi je pensais. Je fixais un écran comme les centaines, que dis-je, les millions d'autres personnes autour de moi. Tous devant un écran à manipuler un clavier, tapant fort pour faire croire qu'on travaille fort.

Je crois de plus en plus à cette théorie selon laquelle les écrans d'ordinateur de travail sont tous figés et que lorsqu'on rejoint une compagnie, on nous fait boire un sérum (le café filtre de la machine peut-être ?) qui nous rend si hébétés que l'on croit travailler sur des choses différentes, alors qu'à l'instar de singes surdiplômés, on ne fait qu'agiter nos doigts sur un bloc de plastique tout en fixant profondément un rectangle de lumière bleue, persuadés d'être utiles, croyant qu'on mérite notre salaire. Alors que nous sommes, pour la plupart, interchangeables, et faisons tous la même chose : rien de vraiment important.

Finalement, dans cette routine, ce qui m'a gardé en vie durant ces trois années fut mon trajet à vélo pour me rendre au bureau, été comme hiver. L'once d'aventure et de risques me maintenait l'esprit et le corps. Réparer des pneus crevés, avoir les doigts pleins de cambouis après qu'une chaîne avait déraillé, démonter pour ensuite tout remonter… Travailler pour soi, de ses mains, et en voir le résultat concret, seul vrai travail digne que l'on s'efforce à dénigrer depuis des siècles, alors qu'il est l'une des rares réponses à notre aliénation par le confort.

Après toutes ces années, je ne me souviens que de la forme fantomatique de mes journées, des frustrations créatives et émotionnelles, du harcèlement et de l'ignorance pugnace de certains de mes collègues et *managers*. De ce sentiment d'inutilité totale – physique et mentale —, de voir la vie défiler sous mes yeux sans savoir quoi faire, avec comme seule porte de sortie la possibilité d'un autre job similaire. On fait table rase et on remet les mêmes assiettes mal lavées.

Il faut du temps avant de prendre une décision sur un coup de tête. Il faut du temps avant de convaincre notre cerveau de faire ce qu'on ne lui a jamais appris.

Nous sommes en novembre 2015. Trois ans ont passé depuis la « non-cérémonie » de mon diplôme. Mon superviseur, sosie contrefait de Voldemort dans un *Harry Potter* mal traduit, continue de prendre les pleins pouvoirs et de tenir le double discours typique des *petits chefs*. Lécher les bottes des supérieurs et menacer ses sous-fifres. Instaurer un climat de terreur et de favoritisme, car ce serait trop risqué que chacun s'épanouisse dans son cubicule, de laisser les gens faire leurs horaires, de leur accorder d'être au moins maîtres de leur propre embrigadement.

Étant donné que je cherche à me faire mettre à la porte, je me demande ce qui m'empêche de lui cracher au visage après l'une de ses réflexions passives-agressives, ou de lui donner un subtil coup d'épaule quand on se croise sans même se dire bonjour dans les couloirs. (Certaines cultures d'entreprise ont la fâcheuse tendance à oublier – par souci de purisme ? – les principes basiques d'éducation et de vie en société, comme dire bonjour.)

Au final, l'amour en entreprise dure vraiment trois ans.

Les six premiers mois, on est excité comme pas possible, car on a enfin eu le poste. Les possibilités sont infinies, on va tant apporter à la boîte ! On va tout donner. Pour ensuite pouvoir profiter de tout cet argent mal négocié dans ses huit jours de vacances accordés (et on se fait croire que c'est assez).

La deuxième partie de l'année, on note les attitudes de ses collègues. Celles qui irritent. Lui qui respire trop bruyamment. Elle qui met sa crème à mains qui pue. Lui qui raconte la même anecdote trois fois par jour, mais à des personnes différentes, et vous passez toujours à côté de lui quand il la raconte. Ces deux collègues inséparables qui ostracisent les autres. La diva qui fait comprendre à tout le monde qu'elle est importante, même si elle a le même poste que tout le monde. Lui qui conte en détail combien de kilomètres il a couru la semaine dernière en vue du prochain marathon de Pétaouchnok. Elle qui parle toujours de son ancien travail et qui raconte à quel point il était si parfait, si bien qu'on a envie de lui demander ce qu'elle fait avec de pauvres gueux comme nous autres. Cet autre qui détaille les maladies de ses enfants avec photo à l'appui, si vous êtes chanceux. Individuellement, toutes ces personnes ne sont pas si mauvaises, au contraire, elles ont appris à vivre avec leur réalité, mais l'accumulation de ce bruit de médiocrité peut très vite vous ensevelir.

La deuxième année, c'est l'acceptation. On se résigne parce qu'on ne veut pas perdre le fantastique *confort* d'avoir ce salaire toutes les deux semaines. Être payé pour s'asseoir à un bureau. Ce n'est pas si mal. Être payé pour juste endurer des collègues agaçants et une compagnie qui ne changera jamais. Après tout, ils sont juste humains, ces collègues. On a voulu avoir un impact positif pendant un temps, on a voulu régler certains problèmes interpersonnels de caractères, mais très vite on se demande quel détail les autres trouvent irritant chez nous. Quel con de cubicule suis-je ? Le trop bruyant ? Le trop prétentieux ? Le trop pas à sa place ?

La troisième année, c'est la productivité qui baisse drastiquement, comme si on attendait inconsciemment d'être mis à la porte. Travail minimum. On fonce pour faire les tâches quotidiennes pour en avoir fini à onze heures. Ensuite, de onze heures et demie à treize heures trente, c'est l'heure du lunch. De treize heures trente à quatorze heures trente, sieste dans la pièce où personne ne vous trouvera. Vous sortez le téléphone à l'oreille, feintant une longue conversation. Vous envisagez de vous mettre à fumer juste pour avoir une excuse pour sortir prendre l'air. Entre quinze heures et seize heures, c'est la recherche d'emploi et l'envoi en masse de CV sans réelle conviction, avant d'enfin quitter cette bande de cons(ommateurs) qui s'ignorent.

C'est à ce moment que l'être humain vivant une telle situation a, devant lui, trois chemins possibles.

Le premier est celui de la victimisation par acceptation. Après tout, ce chèque toutes les deux semaines vaut bien la peine d'être entouré de gens que vous ne supportez pas et qui font semblant de vous supporter. Pire encore si vous avez une hypothèque, un mariage, des enfants, un conjoint, un divorce, des vacances payées à crédit, ou simplement un grand « sens des responsabilités ». Mais combien de temps tiendrez-vous ? Et combien de temps les autres tiendront-ils à vous écouter vous morfondre ?

Une autre possibilité est d'aller voir ailleurs. Mais sans vraiment affronter vos réels problèmes, tout ce schéma se reproduira de nouveau. Car dans presque 100 % des cas, tout environnement de travail traditionnel encourage ces systèmes dysfonctionnels.

Finalement, l'autre option est le rejet. Tout à coup, on réalise qu'il y a peut-être une autre vie quelque part. On se demande qui a décidé qu'il fallait rester assis à un bureau, accepter une structure sur laquelle on n'a aucun contrôle et endurer une aliénation volontaire, alors qu'on pourrait travailler moins, vivre plus pour soi et pour les autres.

La plupart des gens diront que cette dernière option est un signe de bizarrerie, un risque. Pourtant, on court bien plus de risques dans la recherche du confort de raison. Bien plus de risques dans la recherche d'un travail qui ne nous ressemble pas, mais qui ressemble au travail de millions d'autres. Avez-vous déjà essayé d'expliquer votre travail à vos grands-parents, s'ils sont encore de ce monde ? Avouez que hormis être docteur, fermier ou mécanicien, ils n'y comprendraient rien. On met ça sur le compte de leur âge, mais peut-être est-ce notre travail qui n'a pas de sens.

Donc, c'est novembre et c'est décidé. Tout ce poids, ce job, ces choses que je possède et que je dois entretenir grâce à ce même job, ce cercle qui me maintient dans une vie de confort inconfortable comme une intraveineuse presque vide conserve fragilement dans le coma quelqu'un que l'on sait déjà mort... C'est sûr, les autres percevront comme un échec de renier les six dernières années que j'ai passées pour en arriver là. Mais je me sens si mal que je me fous des « qu'en-dira-t-on ». Demain, plus de ce job où je fais semblant de travailler pour faire plaisir à je ne sais qui. Demain, plus de cette chose qu'on appelle « situation ». Plus besoin de faire semblant pour conserver un emploi qui n'est pas moi. Demain, plus d'adresse. Demain, plus rien de ces choses qui peuplent les armoires et les garde-robes.

Je dis « demain », mais il serait faux de penser qu'un coup de tête arrive en un claquement de doigts. Tout comme on est entré dans cette vie de confort cubiculaire pendant tant d'années, il faut presque autant de temps pour en préparer la sortie et savoir ce que l'on veut vraiment. Parfois, le piège est de se faire rattraper par l'appel infernal du confort. C'est pour cette raison qu'il faut bien préparer sa sortie du confort. Pour ne pas y replonger sans s'en rendre compte.

Quitter mon emploi m'a pris plus de temps que d'en trouver un. Me débarrasser de mes affaires m'a demandé bien plus d'efforts que les accumuler. Il y a une raison à cette tendance au minimalisme que l'on voit émerger dans notre société excessive. Parce que nous sommes allés si loin dans l'hyperconsommation et l'accumulation de biens, certains ont commencé à prendre le chemin inverse, par choix ou par nécessité. En éliminant ses possessions, en faisant le ménage du surplus futile qui nous entoure, on s'autorise enfin à être libre matériellement et disponible psychologiquement, comme délesté du poids de tant d'années d'accumulation. Nos décisions ne se prendront plus sous l'égide de ces bagages lourds et abondants – au contraire, on y verra enfin clair. Le minimalisme est la plus accessible et la plus puissante des émancipations. Réduire tout à l'essentiel, se contenter du minimum et réaliser qu'on a besoin d'encore moins est la plus réjouissante des satisfactions.

Si on m'avait dit que je trouverais ma place facilement et vivrais des moments heureux en habitant dans un van… Que je vagabonderais du fleuve Saint-Laurent à la côte Pacifique, des plaines du Montana aux Grands Lacs, des forêts québécoises aux plages de l'Atlantique… Que j'existerais en possédant moins de cent choses. Que je vivrais des amitiés d'un jour et voyagerais sur des routes qui ne figurent dans aucun livre de voyage, que je survivrais aux canicules d'août et aux nuits glacées du printemps boréal…

Si on m'avait dit que ma vie serait une remise en question de mes valeurs, de mon avenir, de ce que veut dire « choisir » sa vie. En fait, personne n'aurait pu me le dire. Personne ne peut dire ce qui nous rendra heureux, car il serait faux de croire que l'idéal d'une vie est d'être heureux. La vie n'est-elle pas qu'une simple succession d'essais et d'erreurs ? Et notre tâche, d'apprendre à équilibrer les hauts et les bas qui nous hantent ?

C'est seulement par soi-même que l'on peut définir son chemin, non pas en imitant ce qu'on croit être le bonheur des autres, ou en reproduisant une vie qui ne sera jamais à nous.

2

Vivre ou se laisser vivre

Encore, encore, encore
Il nous reste du temps
Il nous reste du temps pour essayer.

LES COLOCS

Ça y est, je l'ai trouvé. C'est un Dodge 1997 Roadtrek de 17 pieds (5,3 mètres) de long. Il est tout équipé : cuisine, frigidaire, comptoir rétractable, salle de bains, un salon qui se convertit en chambre avec lit deux places, table de nuit, deux placards, un garde-manger et trois tiroirs. Tout ça dans un intérieur de 2,5 mètres de longueur par 65 centimètres de largeur et sur 1,80 mètre de hauteur.

Bien qu'au Québec, on puisse entendre communément « une » van, par souci de cohérence, nous conserverons le masculin pour désigner mon nouveau logis, soit un van, aussi appelé *camper van* ou FloMobile pour les intimes. Ce van appartenait à un couple de retraités de Saint-Antoine-sur-Richelieu qui l'utilisaient pour aller voir leurs petits-enfants à Fort McMurray en

Alberta. Ils ont réalisé qu'ils ne s'en servaient que trois semaines par an, et malgré leur désir de le vendre, je pouvais sentir le grand amour qu'ils avaient pour ce véhicule avec lequel ils s'étaient créé tant de souvenirs.

L'attachement que l'on développe pour un tas de tôle sur quatre pneus me fascinera toujours. L'humain a une sorte d'incompréhensible passion pour ses machines à moteur, surtout lorsqu'elles ont quelque chose d'unique, soit parce qu'elles vont vite, soit, dans mon cas, parce que ma maison se trouve là-dedans, comme si notre statut était défini par nos véhicules, comme si, sans ces engins, nous ne pourrions affirmer qui nous sommes. Je me suis longtemps demandé quelle était la raison de cette affinité particulière, de ce matérialisme singulier, et je pense avoir une réponse que je délivrerai un peu plus loin dans ce chapitre. (Admirez mon sens de l'intrigue si imprévisible et romanesque.)

J'avais démissionné depuis le mois de décembre, incertain de mon futur professionnel, n'ayant aucune idée de mon futur relationnel, mais sûr de vouloir cette vie en van et confiant, même si elle n'avait même pas commencé et qu'il y avait beaucoup de paramètres inconnus à résoudre pour mener à bien cette aventure à long terme.

Où me stationner la nuit ?

Comment survivre financièrement au coût de l'essence ?

Comment me doucher dans ce corridor d'un mètre cube et demi où je ne peux même pas me tenir debout ?

Et si je tombe malade ?

Et si j'ai un accident ?

Et si je perds mon permis ?

Et si mon réservoir de propane fuit ?

L'isolement et mes voyages me rendront-ils trop solitaire ?

Tant de questions auxquelles j'ai finalement trouvé réponse, mais qui, sur le moment, alors que rien n'avait commencé, me démobilisaient. Comme si, à travers ces peurs qui me hantaient, je me cherchais une raison de ne pas commencer ma vraie vie.

Toutes ces peurs qui nous animent ont un point commun : elles impliquent quelque chose qu'on ne contrôle pas. Nous sommes si habitués à tout préparer afin de ne pas rencontrer l'inattendu, si habitués à tout planifier, si habitués à dire non de peur d'improviser notre existence, parce qu'on croit que l'improvisation est synonyme de désordre, si habitués que nous sommes à refuser toute la liberté que l'imprévisible apporte.

Tant de petites peurs anecdotiques qu'on accumule, des centaines de questions qui ont toutes rapport avec quelque chose de matériel et qui nous paralysent.

Ma mère m'a souvent répété que tout problème a une solution. Formulé ainsi, ça peut paraître comme le plus gros des lieux communs, mais lorsqu'une situation difficile s'impose à nous, l'aphorisme est tout à coup moins évident à appliquer. Mais une fois qu'on accepte nos problèmes et nos peurs, on se débarrasse instantanément de toute l'anxiété que l'on a de ne pas les résoudre. Nina Simone a dit un jour cette phrase que je garde en moi comme un slogan : « Être libre, c'est ne pas avoir peur. »

Malgré les doutes et les peurs, la vie en van demeurait une obsession, une évidence. Jusqu'à aujourd'hui, alors que j'écris ces lignes, je ne m'étais jamais demandé pourquoi. Quelle était l'origine de cette tendance à vouloir vivre dans un van ? Pourquoi de plus en plus d'entre nous lorgnent vers ce mode de vie ? D'où vient cette fascination pour la vie sur la route ? Est-elle une lubie américaine ? Ou y a-t-il quelque chose de rationnel derrière la volonté d'emménager dans un véhicule ?

Cette vie permettrait-elle une émancipation par le vagabondage ? Ou n'est-elle qu'un simple caprice du bourgeois bohème consommateur de pétrole ?

Au-delà du mythe romantique du Volkswagen Westfalia orné de fleurs (qui tombe en panne tous les soixante-dix kilomètres, oserai-je ajouter), un bon nombre de raisons expliquent pourquoi on retrouve des archétypes précis parmi les *full-timers*[1].

Autrefois, les *full-timers* étaient principalement des retraités. Mais aujourd'hui, on peut voir une nouvelle tranche sociodémographique émerger et représenter une bonne portion des *full-timers*. En faisant simple, voici leur portrait : jeunes « milléniaux », qui ont entre le début de la vingtaine et le milieu de la quarantaine, travaillant dans un milieu saisonnier ou contractuel, célibataires, parfois en couple, dont la sensibilité sociopolitique est plutôt axée sur l'autonomie, la localité, ou l'expression d'un certain besoin de « sortir du moule », et donc d'explorer une « alternative » à ce que le modèle traditionnel propose. Immédiatement, on s'imagine une personne aux cheveux longs portant une chemise sans col et des sandales, consommant une substance illicite ou non selon la localité. Mais il serait faux de les caricaturer ainsi, car le nombre croissant de jeunes et moins

1. Personnes résidant dans un véhicule récréatif à temps plein.

jeunes emménageant dans leur van pour un temps indéterminé montre qu'on est loin du cliché hippie du fourgon Volkswagen à fleurs. Il ne faut d'ailleurs pas voir ces individus comme les initiateurs de la tendance à vivre dans un van, mais plutôt comme les victimes du modèle en crise dans lequel ils ne se retrouvent pas.

Quel est cedit modèle que plusieurs générations remettent en question aujourd'hui ? Une vie de bureau ? Une vie de rat d'appartement ? Pour beaucoup, c'est une vie de rêve, ou tout du moins une vie convenable dont on ne devrait pas se plaindre. Je l'ai vécue comme un mal nécessaire dans l'attente passive d'autre chose sans savoir quoi, mais jamais comme un rêve.

Comme si le rêve ultime était de se joindre à tout prix à une vie urbaine comprenant un emploi garni d'avantages sociaux, un appartement en copropriété de plus en plus grand dont on ne sera jamais propriétaire, une petite voiture neuve achetée sur un plan mensuel débité chaque mois en même temps que notre abonnement Internet. Une vie oscillant entre heures de bureau et quelques jours de vacances en République dominicaine, alors que de l'autre côté de cette île, en Haïti, se répand toute la misère du monde… En quoi cela relève-t-il du rêve ? (Je n'ai d'ailleurs jamais compris comment notre société du Nord, pourtant si pleine d'hyperconscience sociale, arrive à se rendre dans le Sud sans se soucier des réalités du pays tant qu'il y a du soleil, comme si on s'était donné le droit d'envahir ce Sud chaque hiver sans comptes à rendre à personne.)

Pour les autres, les « inadaptés » dont je fais partie, tout cela n'est qu'un cauchemar nécessaire, pire, celui que leur environnement a conditionné et établi comme une norme de succès médiocre où il faut simplement suivre les lignes sans trop dépasser. Survivre.

Dans ma vie de bureau, j'ai souvent surpris des bribes de conversation de ce genre : « … J'ai décidé que j'ai travaillé si fort la semaine passée que je méritais [de m'acheter] cette paire de souliers dont je rêve depuis si longtemps… »

Ces souliers, bien qu'anodins et que l'on pourrait remplacer par tout autre objet matériel, illustrent à merveille le piège dans lequel le confort nous précipite et nous tient. Cette personne a travaillé *si fort* que pour se récompenser, elle a décidé de s'*acheter* un bien *matériel*. Pourquoi ne se satisferait-elle pas du simple fait d'avoir travaillé fort ? Non, car son travail est un fardeau, mais lui permet d'acheter de quoi se soulager de ce fardeau. Quelle durabilité y a-t-il dans un système qui nous fait acheter un objet sans apport créatif pour nous soulager d'une dure semaine ?

J'ai souvent agi selon ce schéma et, comme jeune adulte, je me suis même nourri de ce système de récompense parce qu'il est extrêmement facile à adopter, même s'il n'a aucun sens. Mais comment vivre pleinement et librement si on ne se détache pas de ce besoin de la carotte pour s'épanouir ? À épouser un système de chantage, on ne fait que retarder une perdition certaine, pire : un aveuglement éternel. À l'instar de ces enfants un peu agités dont on récompense le calme d'une heure de télévision supplémentaire sans réaliser les conséquences à long terme qu'on leur impose en les gratifiant de cet apparent plaisir.

Nous choisissons une vie de confort très tôt et lui donnons trop de valeur. Dès que possible, on nous apprend à jouer la carte de la sécurité, à répliquer un modèle de vie d'il y a trente ans, dans lequel nous désirons tous devenir ces classes moyennes – un tantinet supérieures avec conscience sociale en option –, sans voir que ce modèle de classes qui s'appliquait jusqu'à la génération précédente a aujourd'hui implosé.

C'est étrange, quand on y pense. Pourquoi chercher à conserver et répliquer un modèle qui a causé, et cause encore plus que jamais, des sociétés malades et nocives, emplies d'individus en dépression ou en *burn-out*, clairement dus à leur mode de vie ; société faite de divorcés perdus, de célibataires faussement indépendants, d'enfants mal éduqués mal aimés délaissés et en quête éternelle d'attention parce qu'on n'a pas eu le temps de leur en donner quand ils étaient plus jeunes, à qui on veut inculquer que c'est cela le rêve et pas autre chose, espérant qu'ils copieront en un peu mieux ce que la génération d'avant a accompli ?

Depuis une dizaine d'années émerge une disparité sociodémographique grandissante qui va au-delà de ce qu'on appelait autrefois les classes sociales. Certains, par pression sociale ou familiale souvent imposée par eux-mêmes, veulent atteindre tout de suite le statut idéal de maturité avancée : la maison, la voiture, les enfants, la carte de fidélité à l'hypermarché de vente en gros. Une vie régie par des week-ends et des vacances planifiées douze mois à l'avance.

D'autres vivent leurs vingt ans pendant plus de vingt ans, à demeurer d'éternels adolescents abusant de tout sans réel sens des responsabilités, prenant leur je-m'en-foutisme de longue et mauvaise haleine comme une forme de liberté.

Y aurait-il un équilibre entre ces deux extrêmes qui pourrait servir de nouveau modèle ? Car une fois que tu as ta maison, ton petit emploi avec régime d'épargne-retraite, que vas-tu faire jusqu'à tes quatre-vingts ans ? Qui vas-tu être dans ces multiples vies qu'il te reste ? Aux adulescents, on peut également demander : Que souhaites-tu laisser de toi dans cette existence pour avoir l'impression de l'avoir vécue tout en ayant progressé en tant qu'individu, et construit quelque chose, en ayant choisi ta direction ?

L'espérance de vie a probablement atteint un seuil, mais admettons que les générations actuelles vivent jusqu'à quatre-vingt-deux ans[1]. Avec mes vingt-huit ans passés, il me reste donc deux tiers de vie à vivre. J'aborde mon deuxième tiers, bientôt je le terminerai et entamerai mon troisième. Soudain, cette vision de la vie tranchée en tiers ne me donne plus envie de vivre tellement elle paraît courte. Au point où on en est, aussi bien en finir tout de suite.

Convertissons alors cette vie qu'il me reste en années.

Cinquante-quatre ans pour continuer la poursuite de petits moments. Cinquante-quatre ans pour explorer toutes les possibilités. Cette réalisation éclipse toute impression de vieillesse.

On croit que chaque année passe plus vite que celle d'avant, mais en fait, n'est-ce pas simplement parce qu'on se donne plus de choses à faire, si bien qu'on a logiquement moins de temps à regarder passer le temps ? Cinquante-quatre ans, c'est, laissez-moi

1. Ici, je prends pour acquise une vie sans problème de santé majeur et une exposition limitée à des perturbateurs endocriniens dont on ne connaît pas encore les conséquences à long terme.

calculer… 648 mois, 20 000 jours en gros. Demain, 19 999 jours. Tout à coup, une autre perspective : ce compte à rebours m'apparaît comme infiniment court et un stress immense monte en moi à l'idée de gâcher un jour de plus à perdre mon temps avec des soucis matériels et des interactions négatives.

Bref, cet exercice permet de réaliser que notre perspective diffère selon nos faits, alors qu'à l'échelle de l'univers, rien ne change. Nous sommes tous égaux sur le plan arithmétique. À un moment ou à un autre, il nous restera tous autant de choses à vivre, ou à ne pas vivre, et autant de temps pour essayer. Mais au lieu d'accomplir tout trop tôt et de réaliser à quarante-huit ans qu'on est passé à côté de sa vie, qu'on n'a jamais possédé son existence, qu'on a été prisonnier de milliers de paramètres matériels et émotionnels externes, pourquoi ne pas prendre plus de temps pour apprendre à se connaître, à ne blesser ni soi-même ni les autres, à devenir mature pour aborder la vie à l'âge qu'il faut ?

Cette vie en van (ou *#vanlife* pour les amateurs de petits pouces bleus sur les réseaux sociaux) résulte du constat qu'il y a tellement à vivre, tellement à essayer, et que la vérité se trouverait dans l'ailleurs : il faut ouvrir ses horizons. Se dépayser pour réellement se découvrir.

Nous vivons à l'époque la plus facile et confortable de toute l'histoire de l'humanité, bien loin d'une vie de survivance, et ne réalisons pas que cette vie confortable dont nous jouissons est une goutte d'eau dans nos millénaires d'essais et d'erreurs. Nous pouvons nous permettre de choisir ce que nous mangeons, peu importent les saisons, ce en quoi nous croyons, par quels moyens nous déplacer à des vitesses astronomiques… Nous pouvons même décider de rester oisifs sans aucune menace en provenance du monde extérieur sur *notre* sofa dans *notre* salon…

Cependant, ayant passé plus de temps à être des chasseurs-cueilleurs nomades que des utilisateurs quotidiens de Facebook, le cerveau de notre espèce humaine ne pouvait être préparé à l'indigente oisiveté qui aujourd'hui nous guette constamment, ce nombrilisme pernicieux qui ouvre la porte à toutes les névroses. L'accès à l'intelligence du canapé et du confort dont nous disposons presque tous aujourd'hui nous a paradoxalement enlevé beaucoup de liberté. C'est cette même poursuite du confort qui nous a condamnés.

Entre le nomade du Paléolithique moyen et le touriste consommateur de l'Anthropocène se trouverait donc un retour vers un voyage à échelle humaine dans une tente mobile et solide : la vie en van.

Je n'utilise le mot que maintenant alors qu'il est la clé de toute cette recherche, mais ce qui définit tout être humain pour qui le désir de liberté est plus fort que le désir d'entrer dans un modèle est l'importance qu'il accorde à son *indépendance*.

Est-on jamais indépendant ? N'est-ce pas la recherche constante d'indépendance de mouvement, de pensée, de production qui a défini notre humanité ? Rechercher une vie de mouvement me permet donc de stimuler cette indépendance. Car si je devais faire une liste des dépendances de ma vie en van, je réaliserais à quel point la vie sur la route a ses limites et dépend de nombreux autres paramètres :

- essence pour rouler ;
- eau et stations de vidange pour vidanger ;
- passeport et visa, si on veut entrer dans d'autres pays ;
- électricité pour charger les appareils électroniques ;
- besoins mécaniques du van – pannes, changements d'huile (donc garagiste) ;
- connexion Internet pour rester en contact ;
- adresse fixe pour permis et assurances ;
- nourriture ;
- difficulté face aux canicules l'été et aux froids extrêmes l'hiver.

Dresser cette liste afin d'identifier nos dépendances et de séparer le nécessaire du superflu est un exercice très formateur. Car l'idée d'autosuffisance est comme celle d'une vie sans argent : elle comporte autant de dépendances qu'un autre modèle, mais le fait d'essayer d'être plus autonome, malgré un système dont le fondement même est basé sur l'interdépendance, est déjà une petite victoire.

Outre ces considérations, on ne peut pas nier le fait que quelque chose dans notre monde actuel est en train de se passer. De la même manière que les Zheng He et Marco Polo d'antan ressentaient la présence d'un ailleurs – sans réel désir d'envahir comme ce fut le cas plus tard –, les nouveaux nomades ressentent que c'est en pourchassant un ailleurs préhensible, avec un peu moins de confort mais plus de liberté, qu'ils peuvent découvrir une certaine vérité de l'existence. J'ai voyagé en avion au-dessus d'océans, en train le long de frontières, en autobus à travers des plaines interminables, à vélo d'un bout à l'autre d'un continent... Rien ne m'a jamais apporté autant de paix et de réponses que la vie sur la route. Toute la fascination que nous avons pour l'automobile et la dépendance à ce mode de transport pourtant si peu durable n'ont rien d'un hasard.

En voyageant sur la route, l'humain trouve une sérénité qu'il n'a pas ailleurs. Comme si, grâce à son véhicule (et à sa maison mobile dans mon cas), il pouvait régler tous ses problèmes, être maître de son destin, échapper à son ordinaire.

Chaque fois que je me trouve au beau milieu des embouteillages, à rouler pare-chocs contre pare-chocs, que ce soit sur l'autoroute 40 à Montréal ou dans la Don Valley Parkway torontoise, je me demande ce que font tous ces gens, seuls dans leurs voitures arrêtées au milieu de ces autoroutes à quatre voies. Soixante minutes pour faire dix kilomètres sur une voie dite « rapide ».

Ce qu'ils font tous, c'est essayer de s'échapper, de se créer un moment à eux. Oui, ils se plaindront d'être, comme on dit en québécois, « pognés dans le trafic », mais n'avoueront pas cette dépendance bizarre à l'utilisation de leur véhicule.

Que font le représentant commercial constamment en déplacement, le camionneur, le motard, le cycliste du dimanche ? Ils s'échappent. Ils sont à la poursuite d'une liberté qu'ils n'ont plus dans leur vie quotidienne. Échapper à l'hypothèque sur une maison qui ne nous appartiendra que dans trente ans, si on parvient à garder le contrôle. Échapper à une relation qu'on s'est imposée à soi-même. Échapper à un patron, à un environnement, à une situation toxique pendant un bref instant, que ce soit pendant cinq, vingt, deux cents ou deux mille kilomètres. La distance a peu d'importance, car tout ce dont nous avons besoin pour ne pas succomber à la noirceur de nos vies est un simple mouvement.

Parce que nous sommes tous nomades.

La vie en van est la matérialisation aboutie de ce désir d'échapper à la sédentarité qui nous tient, tout en ayant le luxe de ne pas avoir à y retourner et de pouvoir se baser où on le souhaite. Le risque, dans cette vie, est de développer une dépendance. Une dépendance à ne pas avoir de loyer. Une dépendance à fuir aussi, à pouvoir dire bon vent à tout quand ça nous chante. Car il y a tellement plus de monde à voir et de gens bons à rencontrer par hasard loin de chez soi, tellement plus à apprendre de l'inconnu que de la routine dangereuse. On a rarement cette liberté de mouvement et de pensée dans nos vies sédentaires.

Au cours d'une ancienne relation, la personne avec qui j'étais m'a plus d'une fois détesté – avec raison ? – pour avoir utilisé la menace du « je m'en vais » lors de nos chicanes, alors qu'elle me reprochait de vouloir trop aller en profondeur pour résoudre nos conflits (à lire ces interminables lignes, on pourrait la comprendre…). Ce qu'elle ne comprenait pas était que mon véhicule représentait le seul moyen dont je disposais pour résoudre nos conflits. Or ma partenaire, qui ne disposait pas de cette échappatoire, m'en voulait de jouir de ce privilège de pouvoir juste dire adieu à ce qui m'est néfaste et bonjour à ce qui m'attend.

Ce sentiment d'envie subtil, je le perçois souvent dans les critiques qui me sont adressées. Et je comprends qu'on puisse critiquer la vie en van, car elle représente une petite menace aux valeurs de sédentarité qu'on inculque à nos sociétés modernes depuis des millénaires. Il faut dire qu'aujourd'hui, ne pas s'encombrer d'attaches matérielles et relationnelles à entretenir est un véritable luxe. Cependant, à tout moment, l'individu se doit de questionner le modèle qu'il suit, tout en gardant à l'esprit qu'il n'existe pas de modèle prédéfini pour lui.

Ma vie mobile présente de nombreuses limites et je suis le premier à en être conscient. Mais jamais je n'aurais imaginé que ces limites pourraient devenir la source d'une émancipation puissante, ne donnant pas d'autre choix que d'accepter les problèmes lorsqu'ils surviennent, d'apprendre à suivre son instinct et à tracer son propre chemin, de s'exposer presque nu à la complexité de vérités multiples, de réaliser que beaucoup est possible si on a seulement la volonté d'y croire, et que le simple fait de se poser la question est parfois la seule réponse dont on a besoin pour avancer.

3

La retraite à vingt-cinq ans

Par ce qu'on appelle la nécessité, les hommes accumulent des trésors vite rongés par les mites et la rouille, lorgnés par les voleurs. C'est une vie de sot, comme ils le réaliseront à leur dernier souffle, sinon avant.

HENRY DAVID THOREAU

Il est huit heures et je me laisse réveiller par le bruit du jour. Après de nombreux mois à vagabonder entre l'Ouest et le Nord, me revoilà un peu plus urbain. Je suis stationné le long de la rue Basin à Montréal. Avant de sortir le matin, je m'adonne à une observation attentive des alentours pour éviter de me trouver au sortir de ma chambre nez à nez avec l'un de ces humains qui vivent dans les tours à appartements dans le quartier du canal de Lachine.

Rester quelques jours stationné au même endroit peut attirer la curiosité, et par la même occasion attiser l'inquiétude des sédentaires. Il y a quelques jours, un curieux m'a posé quelques questions bienveillantes sur ce que je faisais ici et j'ai répondu que j'attendais d'emménager dans mon nouvel appartement le mois suivant. Je ne sais pas trop d'où me vient cette habitude de mentir pour faire semblant d'être normal.

En général, beaucoup moins de gens des villes s'intéressent à ma vie en van en comparaison de ceux vivant dans des endroits plus reculés où je me rends. Ici, ce sont plus mes potentielles mauvaises intentions qui suscitent des interrogations, plutôt mon parcours. Au lieu de nous enseigner à cultiver le moment présent, l'urbanité projette l'individu dans l'appréhension d'angoisses futures.

Le canal de Lachine était autrefois délaissé, recouvert par de grands terrains vagues et des tanneries abandonnées. Il est aujourd'hui couvert d'impersonnelles tours à appartements en copropriété. On a même bâti des maisons temporaires pour les agents immobiliers à l'endroit où se dresseront dans quelques mois d'autres tours. Cela fait un an que je ne suis pas retourné à Montréal, et je suis ébranlé par le développement immobilier rapide. Désormais, les dernières briques rouges, qui autrefois habillaient les murs, se trouvent probablement au fond du canal.

D'ici, on a une vue reculée sur le centre-ville de la petite métropole et une ouverture sur le sud-ouest de l'île en pleine « gentrification » (ou développement urbain, comme les planificateurs de la ville disent). Autour de ces blocs d'appartements se trouvent deux parcs à chiens. La plupart des visiteurs sont des gros chiens. J'ai de la peine pour ces toutous qui, dans leur vie, n'auront pour terrain de jeux qu'un maigre carré de terre où leurs humains en *burn-out* les promènent dix minutes par soir et quinze le week-end.

À l'entrée de ces bâtisses, un gardien de sécurité s'ennuie, l'œil entraîné à distinguer ceux qui payent leur hypothèque de ceux qui errent au sud de la rue Guy. Entre certaines tours, de mini-bassins d'eau verte ont été posés. On ne s'y baigne pas l'été et l'hiver, on les vide. Ils sont là pour donner une impression de vie sans en contenir, métaphore de l'authenticité artificielle de ces projets construits uniquement pour donner de la valeur à un quartier qui n'en aura plus une fois que le marché immobilier réalisera qu'il y a plus de logements de ce genre qu'il n'y a de Canadiens.

Les arguments de vente se basent sur la qualité de vie : « Entre la ville et l'eau », « À cinq minutes du centre-ville », « Au pied du canal », « À quelques pas de cent restaurants branchés », « Près du marché Atwater », « Un quartier en plein essor ».

L'urbanisation a été ainsi faite qu'on a divisé les lieux de la même manière qu'on a divisé le travail. Nous travaillons dans les tours de bureaux du centre-ville, dormons et procréons dans les tours à condos, basées non loin de ces premières afin de gagner plus de temps le matin pour se rendre au travail et payer ce même condo. Et un peu plus tard dans notre vie, lorsque procréation se matérialisera, on déménagera en banlieue pavillonnaire pour acquérir une maison qui ressemblera aux cent cinquante autres maisons du quartier.

Nous avons inscrit dans nos gènes une norme de vie qui se résume à la poursuite du travail à temps plein afin de devenir propriétaires sédentaires de quelques mètres carrés ressemblant aux mètres carrés du voisin.

On investit dans son régime d'épargne-retraite pour que l'argent placé ne puisse être retiré qu'au moment du rachat de la première hypothèque. On assure à son banquier que le poste pour lequel on a été engagé est permanent pour que ce cher banquier nous félicite en nous accordant une marge de crédit plus large.

Dépensant peu, je reçois souvent des appels de ma banque pour me féliciter et me faire la promotion de toujours plus d'offres de crédit. Chaque fois la conversation se termine ainsi : « Mais à quoi ça me sert réellement d'avoir 15 000 dollars de marge de crédit au lieu de 10 000, vu que cet argent n'est pas vraiment à moi de toute façon ? » Ma relation avec les agents de banque est très intéressante car ils sont les seuls employés de service avec qui je suis complètement honnête sur l'inutilité et le non-sens de vivre à crédit lorsqu'ils se mettent à réciter un discours appris par cœur sur tout ce que la banque offre. Si vous aviez vu leur incompréhension lorsque, avant ma vie en van, je leur ai dit que je souhaitais retirer l'argent que je m'étais contraint à placer !

On a essayé de me dissuader : « Si vous le retirez maintenant, le montant sera imposable et nous chargerons des frais de 10 % sur le retrait effectué. Vous êtes vraiment sûr de vouloir faire ça ? »

Et puis, il y a les agents des ressources humains des compagnies pour lesquelles j'ai travaillé, dont la réaction était toujours similaire lorsque, chaque année, je déclinais la proposition d'investir dans le régime d'épargne-retraite d'entreprise. Comme si c'était l'affront ultime : « Florent, si je peux me permettre, c'est vraiment avantageux d'investir dans le REER, tu sais ?

La compagnie complète jusqu'à 1,5 % de ce que tu investis chaque mois. »

Autrement dit, tout l'argent que je gagne en sacrifiant mon temps ici sera bloqué dans un fonds que j'espère pouvoir retrouver dans trente ans, lorsque je voudrai enfin vivre ?

Tout semble fait pour nous encourager à bloquer notre salaire présent dans une cagnotte à laquelle on aura seulement accès lorsqu'on aura perdu toute envie de vivre. Sacrée liberté ! Et certains diront que vivre sans épargne, c'est vivre le couteau sous la gorge. Ceux-là sont les mêmes qui vous diront d'accepter les yeux fermés un emploi permanent à temps plein dès que l'occasion se présente. « Un poste permanent à temps plein ? ! Non, mais tu ne te rends pas compte de la chance ! C'est le rêve ! »

La division du travail a non seulement divisé nos lieux de vie, mais elle a également divisé nos activités en dehors de ce même travail, nos moments de plaisirs, nos escapades. Si bien qu'on ne vit plus la vie comme un tout, mais en boîtes distinctes, et dans l'attente de la fin de semaine.

Nous associons aujourd'hui temps pour soi, temps libre et vacances, et voyons la retraite comme seul moyen de reprendre le contrôle sur notre vie. Sans avoir cotisé pour la retraite, comment reprendre le contrôle de sa vie, alors ? Comment vivre sans argent ? Ah ! la fameuse question à un million. Certains semblent déçus lorsqu'ils apprennent que vivre sans argent est une utopie. La réponse est ailleurs et elle est simple : redéfinir notre conception du travail et tout d'abord… de l'argent.

Le sujet principal qui revient constamment lorsque je partage mon expérience de vie sur la route est l'argent.

« Combien ça coûte ? »

« Combien tu gagnes ? »

« Comment tu fais pour vivre ? »

Et cette obsession de l'argent est révélatrice de notre incapacité à nous en départir. Pourquoi sommes-nous obsédés par l'argent ? Par le trop-plein d'argent. Par le pas assez d'argent. Par l'argent des autres. Par le salaire minimum qui n'est jamais assez pour certains, qui est trop élevé pour d'autres. Pourquoi l'argent des autres est-il toujours moins légitime que celui qu'on a gagné à la sueur de son front ?

Quand j'ai lu des commentaires à mon sujet, du type « Il peut se le permettre, moi pas », ou des sous-entendus prétendant que je vivrais d'un revenu caché comme une rente héritée, j'ai pris conscience de notre capacité à élaborer tout un système d'excuses et de justifications afin de ne pas réaliser nos projets, et de notre propension à décrédibiliser le discours des autres en affirmant que d'une manière ou d'une autre, ils « l'ont facile ». Par le fait même de penser que l'argent des autres est facilement gagné, on ne réalise pas la relation d'infériorité qu'on entretient avec l'argent et la médiocrité aveugle à laquelle on souscrit.

De plus, on associe le fait de produire de l'argent à la sédentarité, comme s'il était inconcevable de vivre sur la route sans être rentier et que le voyage serait synonyme d'oisiveté. Qui a dit qu'on ne pouvait pas être nomade et gagner activement sa vie ? Pourquoi associe-t-on la vie de nomade à la marginalité ? Peut-être parce qu'on ne veut pas accepter que cette liberté de mouvement est la plus grande des richesses. Sans même parler du fait que notre manque d'empathie et de perspective sur ce qu'est « assez pour vivre » nous aveugle sur la situation des autres.

Il suffit d'y penser une seconde. Un athlète professionnel payé trois millions de dollars par an[1] est tout autant esclave de ses contrats pour subvenir aux besoins qu'engendre son style de vie qu'un individu ayant adopté plus de sobriété avec peu d'engagements, et qui doit répondre à sa simple survivance. C'est tout bonnement une question d'échelle.

Les commentaires et réactions à propos de ma vie en van oscillent entre de nombreux « si seulement je pouvais faire ça… » et d'autres plus véhéments qui essaient de trouver la faille de l'histoire en relevant d'innombrables contradictions, comme si j'étais un programme politique alors que mon but est simplement de partager, et non de convaincre. Un jour, quelqu'un rétorqua la chose suivante en réponse aux commentaires négatifs, en mettant en avant ce manque d'imagination que l'humain entretient vis-à-vis de l'argent.

> *« De quoi il vit ? Il doit manger, ou mettre du carburant... et pas de famille dans ces conditions. » Il est flagrant par ces réflexions que nous sommes enfermés dans une société de profits et de rentabilité. Mais la débrouille, vous connaissez ? Il fait peut-être des petits boulots sur sa route […], quant à ne pas pouvoir vivre ainsi avec une famille je ne vois pas en quoi c'est gênant. La meilleure école*

1. Salaire annuel moyen dans la Ligue nationale de hockey (LNH) en 2011.

pour nos enfants est celle du voyage, les enfants apprennent en expérimentant, en étant au contact des autres et de la nature [...] au lieu d'avoir pour objectif d'écraser leurs copains en classe, c'est les éloigner du « travaille bien à l'école pour avoir beaucoup d'argent », c'est les faire grandir dans le respect d'eux-mêmes, des autres [...]. Je trouve hallucinant cette difficulté à projeter une société différente de celle dans laquelle on évolue tous. Il n'y a effectivement pas que l'argent pour s'en sortir. Un service en vaut un autre, l'entraide, la solidarité... Tout est solution ! J'ajouterais que si ça ne l'inquiète pas de ne pas avoir d'argent, en quoi ça doit vous inquiéter, vous ?

En effet, l'argent est une peur comme une autre, peut-être la reine de toutes nos peurs, et je conçois bien que les critiques d'un style de vie proviennent d'insécurités bien plus profondes. Notre obsession de l'argent comme seul et unique outil « pour s'en sortir » pervertit notre relation au travail et au labeur que l'on voit seulement comme émancipateur financier. Ma passion étant la production vidéo et communiquer des idées, j'ai plus d'une fois échangé mes services contre un autre service. Je les ai même souvent offerts sans rien demander en retour, et puis naturellement, untel ou unetelle m'a proposé de camper sur son terrain, de m'aider à réparer mon van…

Une amie qui vit de la même manière que moi au Royaume-Uni échange souvent les bijoux qu'elle fabrique contre plusieurs nuits dans de beaux petits campings avec vue sur la côte Atlantique. Certes, on ne deviendra pas millionnaire avec ces procédés, mais l'échange représente un complément intéressant dans la quête d'une diversification de ses revenus car il se trouve en dehors de la valorisation par la monnaie (dans la seconde partie de ce livre se trouvent plus de détails sur la façon dont diversifier ses revenus permet de se lancer avec peu dans une vie nomade).

Il serait faux de penser que vivre pleinement sans argent est viable, qu'on peut vivre pleinement d'amour et d'eau fraîche en ne comptant que sur les autres. L'expérience a été faite, mais elle est peu durable, trop extrême (même si pleine d'enseignements sur notre rapport aux autres). À mes yeux, dépendre des autres pour sa subsistance est en contradiction avec le concept d'autonomie. J'abhorre le fait même d'utiliser le dentifrice de quelqu'un d'autre quand j'ai oublié le mien. Il faut donc un minimum pour vivre et être libre.

Un modèle plus modéré et facilement atteignable serait celui de la sobriété volontaire, tel que définie par José Mujica, cet ancien président uruguayen qui ne prenait de son salaire que ce dont il avait besoin. En diminuant le superflu et en éliminant ce qui nous possède plus qu'on ne le possède, on n'a soudain pas besoin de tant d'heures de travail puisqu'on a moins d'obligations financières. Et logiquement, plus de temps pour vivre. Plus de temps à consacrer à soi et aux autres. Sans évoquer les mille et une façons dont il est possible de générer des revenus à distance dans le monde d'hyperconnectivité et de transferts de biens constants d'aujourd'hui.

En outre, nous sommes tous plus riches que nous ne le pensons, en partie grâce à l'avènement et à la démocratisation du « seconde main ». Se débarrasser des affaires qu'on a accumulées dans une vie de confort n'est plus une perte, mais à gain, car elles profiteront à quelqu'un d'autre alors que de notre côté, nous ferons usage de l'argent gagné par ce transfert de biens pour de nouveaux projets. C'est de cette manière que j'ai commencé mon aventure.

On peut confondre sobriété avec abstinence. L'idée de sobriété est pourtant simple : il faut avoir juste assez pour vivre. Mais comment définir « juste assez » ?

Je prends toujours l'exemple de ma première année en van. Je n'ai jamais été aussi libre avec 16 000 dollars en poche comparés à mes salaires annuels qui tournaient autour de 50 000 dollars. Tout simplement parce que je ne réalisais pas que ces 50 000 dollars étaient perdus en temps dépensé à les gagner. Si, au lieu de parler d'argent pour soi, on parle de temps alloué pour soi, on voit tout de suite pourquoi la sobriété volontaire a du sens, car elle nous donne automatiquement plus de temps. Pour moi, ç'a été 16 000 dollars, mais pour quelqu'un d'autre ce pourrait être 30 000 dollars ou un quelconque autre montant, ce n'est pas si important. L'important est de posséder son argent.

Travailler pour vivre, et non vivre pour travailler. Travailler *intelligemment*.

En effet, on croit, à tort, qu'il faut constamment « travailler fort » pour être un bon citoyen, si bien qu'on confond l'intensité de notre effort avec le résultat de notre labeur. Certes, nous produisons de l'argent, mais combien de toute cette production contrôle-t-on ? Quelle somme apporte effectivement de la valeur et de la liberté à notre vie ?

Quand j'ai voulu quitter le moule de ma chaise de bureau, j'ai longtemps pensé que je pouvais négocier une mise à pied au lieu d'une démission afin de jouir de l'aide sociale. Ça m'aurait payé une année de… confort, mais je n'aurais pas eu l'impression de posséder cet argent. J'aurais eu l'impression d'être redevable, tenu par de l'argent que je n'avais pas produit. Et cela aurait donné des arguments aux commentateurs négatifs qui utilisent à tout va « Il vit sur le dos de la société » (même si les impôts prélevés sur mes salaires d'antan ont techniquement contribué à l'aide sociale que j'aurais pu recevoir, mais ayant rarement été patient pour la paperasse, c'est aussi par paresse administrative que je n'ai pas poursuivi la perception du chômage ou toute autre aide gouvernementale – n'est-il pas mieux de passer du temps à créer et à penser pour vivre plutôt qu'à remplir des formulaires ?).

Lorsqu'on évoque la notion très romanesque de changer de vie, la première considération est l'argent. C'est le premier doute qui sert d'excuse. Mais comment se fait-il qu'on ait assez d'argent pour réparer le lave-vaisselle tombé en panne, changer de voiture à perte tous les trois ans, assez d'argent pour acheter une nouvelle télé et des plats à emporter tous les soirs ? On croit n'avoir jamais assez d'argent et on justifie ainsi de ne pas passer à l'acte.

J'ai dû moi-même me mettre une limite. Je m'étais dit qu'une fois que j'aurais 10 000 dollars d'économies, je démissionnerais. Et puis, non, 20 000 dollars pour être *confortable*. Car, 10 000 dollars, ce n'était pas assez. Si certaines contraintes ne m'avaient pas poussé à passer à l'acte, j'aurais sans doute augmenté mon critère à 30 000 dollars, puis 40 000, pour finalement oublier mon projet initial et succomber au « désespoir confirmé », comme Henry David Thoreau le définit dans *Walden ou la vie dans les bois*.

Il est nécessaire de se défaire de cette idée de confort qu'apporte l'argent. Et il n'y a rien d'anticonformiste à ne pas donner de valeur à l'argent. Ce non-respect de l'argent est la base même du capitalisme. La plupart des « riches », ce 1 % dont on évoque souvent l'existence, entretiennent une relation d'inconfort avec l'argent, relation de laquelle les plus modestes – en l'occurrence, nous autres – peuvent apprendre beaucoup plus qu'ils ne l'imaginent.

Beaucoup des grands fortunés ne respectent pas l'argent car ils sont conscients que l'argent ne respecte rien. C'est de cette manière qu'ils ont d'ailleurs bâti leur fortune. Sans faire leur apologie, il serait faux de croire que l'argent est la seule valeur de ces millionnaires et milliardaires qui ont fait fortune en quelques années, soit parce qu'ils étaient au centre d'une innovation qu'ils ont pérennisée (le mythe de l'entrepreneur), soit parce qu'ils font des blagues sur scène (le syndrome Juste pour rire). Beaucoup d'entre eux ont compris que l'argent ne veut rien dire et que ce n'est en fait que l'obsession des autres. Ceux qui pensent qu'ils n'ont pas assez d'argent sont les seuls à accorder de la valeur à ces fortunes.

Et si c'était cela, le problème, plutôt que les inégalités elles-mêmes ?

Je me suis toujours dit que ça me convenait autant de gagner 16 000 dollars par année que 800 000 dollars. C'est l'entre-deux qui me gêne. Car, entre sobriété et opulence désuète, on se situe dans une sorte de médiocrité ambitieuse, ce que l'écrivain québécois Octave Crémazie appelle la « société d'épiciers[1] ».

Des classes populaires aux classes moyennes supérieures, il n'y a pas une grande différence[2]. On inculque à toutes ces classes l'obsession du salaire et du travail à temps plein. On apprend à chacun à se définir par rapport à son chèque de paie.

La situation de sobriété et celle de richesse indécente sont donc beaucoup plus proches l'une de l'autre qu'on ne le croit. Bien plus proches que de cet entre-deux médiocre qui nous tient à coup d'augmentation de salaire de 0,96 %, de promesses d'un poste senior ou d'avantages sociaux remboursant 70 % de nos frais de dentiste sans la franchise.

Si j'assume que je n'ai pas besoin de beaucoup pour vivre, j'assume aussi que je peux vivre avec beaucoup.

On peut prendre l'exemple de la personne qui entre dans un magasin avec juste assez d'argent pour n'acheter que ce qu'elle était venue chercher, et sort côte à côte avec un riche individu qui, s'il le voulait, pourrait s'offrir le magasin tout entier, mais n'a acheté que ce qu'il était venu chercher lui aussi. Acquérir ce dont on a fondamentalement besoin, c'est cela la vraie richesse. Et non se faire miroiter toujours plus d'objets, de textiles, de gadgets non créatifs, fabriqués pour alimenter notre oisiveté, susciter notre insatiable besoin de plus, et nous aliéner par le divertissement.

---

1. Octave Crémazie, *Œuvres complètes de Octave Crémazie,* Montréal, Institut canadien de Québec, 1882,p. 28.

2. Ici, le lecteur aura compris que je fais abstraction de la réelle « pauvreté » qui est un cas bien spécifique – bien que majoritaire à l'échelle de la planète –, et fais plutôt référence à la réalité des strates plus médianes de notre société libérale.

J'ai longtemps pensé que l'oisiveté, au sens péjoratif qu'on lui donne aujourd'hui, était passive, mais elle est en fait bien pire que cela. Plus nous cultivons l'oisiveté consommatrice, plus nous nous aliénons par nous-mêmes et sacrifions la liberté que notre salaire ne nous achète pas.

Lors de mes expériences d'embauche, ma vision des salaires qu'on m'offrait a toujours été faussée par le fait qu'un salaire est échelonné. J'ai vécu avec moins de 16 000 dollars en un an, fier de chaque centime que je suis allé chercher çà et là avec hargne et pugnacité. Même si sur le papier il n'en a pas l'air, un emploi permanent offrant 54 000 dollars par année me donne l'impression d'être infiniment plus pauvre. Tout simplement parce que mon temps perdu à cet emploi permanent ne vaut pas les 38 000 dollars de différence.

Lorsqu'on m'a offert mon premier salaire de 35 000 dollars, je pensais que c'était formidable. Je ne comprenais pas qu'on puisse se plaindre de gagner trop peu. Mais puisqu'on pense posséder tout cet argent, on ajuste son confort à ce salaire (sans évoquer la vie à crédit qu'on encourage à outrance et qui a permis une croissance exponentielle d'ajustements faussés de confort). Une fois nos conforts acquis, on atteint notre limite, car l'argent sort plus rapidement qu'il ne rentre, et il y a tout de même un maximum dans ce que ces 35 000 dollars peuvent offrir.

Maintenant, doublons ce salaire. Wow ! Fantastique ! Incroyable ! Mais non, cela reviendra au même, car on ajustera et maximisera de nouveau son mode de vie. Croyant que ces 70 000 dollars nous font valoir plus. Et dans une société où l'individu pense qu'exister est une valeur, son étiquette salariale n'est qu'une vie de plus à trancher dans la boucherie des ambitions.

L'argent ne devrait justifier ni nos décisions, ni nos actions. Et pourtant, c'est ce qu'on inculque à tous. Il suffit de regarder les films à l'affiche au cinéma, alimentant et alimentés par nos ambitions pécuniaires. Je suis constamment frappé par la popularité des histoires qui matérialisent ce fantasme d'accéder à la richesse par procuration, et la tendance perverse du cinéma à faire passer le message que si l'argent n'est au fond pas important, c'est quand même mieux quand on en a.

Qu'on soit à Hollywood ou à Paris ne fait aucune différence, chaque année, des dizaines de films dont la thèse sous-jacente implique l'argent comme condition du bonheur dépassent les records d'entrées en salles, particulièrement dans l'Hexagone. Y compris dans la retranscription d'histoires vraies qu'on romance, particulièrement avec l'argent « sale » : de Walter White à Pablo Escobar creusant leurs trous pour entreposer leurs cagnottes, on reprend des figures du réel et les réduit à leur capacité à produire de l'argent.

Cette réduction de l'être à sa capacité de production monétaire décrit notre culture à la perfection. C'est d'ailleurs pour cela qu'un revenu minimum d'existence, même s'il émerge de plus en plus dans les débats politiques, ne peut être qu'une utopie. Car l'humain moderne n'a appris à se définir que dans son emploi à temps plein. La main-d'œuvre traditionnelle ne peut ou ne sait pas adopter la modération et aspire à travailler plus pour gagner plus… de confort.

Dans ma vie de bureau, je demandais constamment à augmenter le budget pour la réalisation de nos projets vidéo (heureusement, je n'en disposais jamais). Un jour, Diego, qui quitta peu après son poste de directeur adjoint après dix-neuf ans dans la compagnie en train de couler, m'expliqua très justement que « plus on a de moyens, plus on en a besoin, et plus on coûte cher ». Et je l'ai réalisé plus tard : l'obsession du « toujours plus » ne mène que très rarement à mieux.

Mes projets les plus aboutis sont ceux qui se sont faits dans l'urgence, dans la quête inespérée de « plus de moyens ». C'est un phénomène que l'on observe dans divers domaines. Une fois qu'un artiste obtient plus de moyens, son œuvre se trouve dénaturée, pervertie par ce besoin de confort qui ne l'animait pas avant, alimentée par le simple désir de payer son loyer plus élevé qu'avant, maintenant qu'il a une vue sur la tour Eiffel.

Nous voyons ce phénomène également dans les sports (l'obsession que notre société voue au sport-spectacle est une réelle métaphore de notre incapacité à nous projeter dans notre propre mouvement, si bien qu'on préfère regarder les autres bouger). Mais particulièrement dans les sports de combat comme les arts martiaux mixtes, où les athlètes se trouvent constamment et littéralement à une main de la mort. Ronda Rousey fut une icône féminine moderne des arts martiaux mixtes, ayant commencé sa carrière en judo olympique où l'argent demeurait rare, elle est ensuite devenue en quelques années une figure indétrônable de l'Ultimate Fighting Championship. Après quelques combats remportés haut la main, on lui promet un règne total. Elle devient l'invitée de prédilection des plateaux de télévision, signe contrat après contrat, se fait proposer de jouer son propre rôle dans son *biopic*, crie en long et en large qu'elle est la meilleure, qu'elle est imbattable, troquant l'humilité d'antan, qui est la signature des plus grands athlètes, pour une outrageuse confiance en soi, à en oublier sa discipline de travail et son talent premier. Toute cette « starification » pour finalement subir deux défaites consécutives, dont une humiliation par KO en moins de quarante-huit secondes[1]. Dans son ultime combat, tous (et surtout son adversaire) pouvaient remarquer dans ses mouvements une lenteur et un manque total d'envie, une sorte de confort mou, un jeu de jambes et de mains sans urgence, comme si tous les moyens et l'aisance financière acquis en quelques mois ne l'avaient pas aidée à perfectionner son art, mais avaient fait disparaître tout son sens du labeur et du combat qu'elle avait développés pendant quinze ans, comme si tout ça l'avait rassasiée.

L'argent a pour effet principal de pervertir l'essence de notre travail. L'idéal serait donc de constamment cultiver une certaine idée de la précarité, de vivre dans le moment présent et d'apprécier l'œuvre que l'on crée dans les instants maigres, car ces derniers sont la base de notre œuvre. Il faut, et avec raison, redouter le succès et garder en soi la faim. Car, une fois qu'on a perdu cette faim, il est très difficile de retrouver l'envie, de retrouver la raison de se dépasser. On rejoint alors la société d'épiciers qui se préoccupe de chaque centime qui sort et célèbre chaque centime qui entre. Que ces centimes s'accumulent en milliers chaque mois ou en millions chaque semaine, ils ne sont que des centimes.

1. UFC 207, Nunes vs. Rousey, 30 décembre 2016.

Durant ma première année en van, j'ai vécu avec en tout un peu moins de 16 000 dollars. 8 000 économisés l'année précédente, et un 8 000 gagnés à la suite de maigres contrats. Au sujet de ces derniers 8 000 dollars gagnés en un an, je peux dire que je n'ai jamais eu l'impression d'avoir travaillé aussi honnêtement et d'avoir si bien mérité mon argent. L'année d'avant, j'engrangeais six fois plus tout en ayant le sentiment que mon salaire et ce que je faisais n'avaient aucune valeur.

Certains se demanderont alors : « Et la retraite ? » Ce modèle de sobriété donne en effet peu de place à l'épargne pour préparer sa sortie du monde actif.

Aux yeux des générations actuelles, l'idée d'une retraite comme les baby-boomers ont pu la définir n'apparaît simplement plus comme une option viable. Il faut dire aussi… quelle idée bizarre, cette retraite. Comme si c'était une sorte de « prémort » qu'on s'autorisait finalement à vivre après cinquante ans d'esclavagisme volontaire. Commencer à vivre à soixante ans ? C'est le modèle de notre société et je ne suis pas totalement certain qu'il ait beaucoup de sens. J'ai toujours aimé dire en riant que j'allais partir à la retraite tôt. Et, sans le réaliser, c'est ce que j'ai fait. J'ai pris ma retraite après mon premier emploi, quelques mois après mes vingt-cinq ans.

Dans les retraites heureuses, on voit des gens qui sont devenus physiquement ou spirituellement plus actifs qu'ils ne l'étaient dans leur vie de salarié, tout simplement parce qu'ils ont repris la maîtrise de leur temps.

Si on veut vivre une retraite heureuse, doit-on néanmoins s'arrêter de travailler ? N'arrête-t-on jamais d'être actif ? Mon grand-père n'a jamais été aussi actif qu'après sa retraite, dans son potager, dans le bois... La différence est qu'il vivait enfin pour lui et possédait son petit pécule. Pourquoi ne pas envisager une retraite qui produirait de l'argent ? Si on applique le principe de la sobriété, on n'aurait de toute façon pas besoin d'un revenu de travail de quarante heures semaine.

On survend le concept du poste permanent, du travail sans passion, du travail qui réduit au lieu d'émanciper, du contrat à durée indéterminée, sans se demander si on a réellement besoin de ces emplois à temps plein. Certes, l'humain a besoin de structure et de routine, mais depuis l'enfance, on fait tourner son temps libre autour de structures externes. L'école ne nous apprend pas à nous développer selon notre temps libre, mais à nous définir par une routine imposée.

De plus, l'école n'apprend pas à être, elle apprend à ne pas être. Pourquoi ne nous enseigne-t-on pas l'apprentissage de l'ennui, de l'exploration de soi ? Pourquoi ne nous explique-t-on pas comment utiliser l'ennui de façon créative, que ce soit par le corps ou par l'esprit ? Le rôle de l'école ne devrait pas être l'apprentissage par cœur des dates de guerres qui nous font passer pour les gentils, l'école devrait nous encourager à avoir du temps à perdre, et nous enseigner la gestion de ce temps.

Car connaissez-vous un adulte qui sache gérer son temps ? Je n'en ai que très rarement rencontrés. Parce que nous avons posé le travail comme berceau de notre existence et nous nous sommes imposé des horaires bien précis à respecter, notre temps appartient à tout le monde sauf à nous-mêmes.

Lorsqu'on me traite péjorativement d'idéaliste, d'alternatif, ou qu'on m'associe à telle ou telle idéologie antisystème, je réponds souvent qu'il serait en fait dans l'intérêt du système actuel d'allouer cette sorte d'anarchie du temps à ses employés. Travailler les heures, les jours qu'ils veulent. Choisir sciemment les modalités de son aliénation, plutôt que de les signer aveuglément.

L'employé épouserait ainsi pleinement l'individu qu'il est et deviendrait plus productif, car il choisirait de l'être, et cette émancipation lui ferait prendre des décisions qui auraient du sens et beaucoup plus d'impact. Cette expérience d'autodétermination est d'ailleurs de plus en plus commune aux États-Unis, pourtant reconnus comme le berceau du productivisme à la chaîne…

Il est en fait assez paradoxal de se dire pour le « laisser-faire » économique sans pour autant laisser faire, justement, les acteurs de ce système économique. Non. Nous devons nous tenir côte à côte dans des bureaux aussi petits et incommodants que des tables d'école, alors que nous pourrions faire ces tâches tertiaires chez nous et nous passer de la toxicité et des microagressions de la vie de bureau. De celle-là qui parle de ses petits problèmes comme si c'était la faim dans le monde. De celui-ci qui ne cesse de jeter des regards furtifs sur votre écran pour vérifier si vous travaillez. D'unetelle qui fait une remarque sur untel qui arrive à huit heures treize au lieu de huit heures. De lui qui dit être arrivé à sept heures et quart. De cet autre qui s'approprie le travail de ses collègues dans leur dos. De tous ceux qui essaient d'avoir l'air plus occupés les uns que les autres, se laissant emporter dans un cercle autodestructeur dont la seule conséquence est de mener à la perdition et de rechercher dans le confort matériel un abri à ce système nocif.

On a tous entendu les « Plus que deux heures ! », « C'est vendredi, youpi ! », « Une autre journée de faite, c'est déjà ça ! », « Ça va ? Oui, je pars dans une demi-heure, ça ne peut qu'aller ! ». Non, je ne souhaite pas vivre cela pendant quarante ans. Ça me donnerait bien trop de raisons de me plaindre. Comment peut-on s'empêtrer si profondément dans une vie sur laquelle on n'a aucun contrôle, si ce n'est celui de regarder l'horloge tourner ?

Je crois beaucoup en l'idée de travail à temps partiel à durée indéterminée, ma définition de la retraite prématurée. Si notre culture intégrait l'idée que l'argent n'est pas seulement un moyen de contrôle matériel, mais également un moyen de contrôle temporel, nous aurions beaucoup plus de respect pour notre temps libre.

Ça nous arrive à tous de le dire, mais je ne crois pas en la théorie du « je n'ai pas le temps ». On peut avoir trois enfants qu'on élève seul, avoir un chien, une maison, une voiture dont le changement d'huile est à faire bientôt… Si chacun de ces éléments de la vie a été un acte de choix, il n'est pas normal de ne pas avoir le temps de prendre le temps.

C'est toujours un grand débat quand j'évoque cela, moi, le jeune idéaliste sans enfant aux belles idées ! Combien de fois ai-je entendu la remarque : « Tu verras quand tu auras une famille, tu comprendras »… J'ai autour de moi différents exemples qui me montrent que la perte de contrôle de son temps est un choix. Un choix un peu anachronique au fond, car nous avons décidé d'abandonner le contrôle de notre libre arbitre en souscrivant à un confort universel et médiocre.

La vie en van ne m'a pas rendu plus idéaliste ni déconnecté de la réalité. Au contraire, elle m'a rendu hyperconscient de toute la relativité de l'existence par rapport au travail et au temps que l'on peut se donner à soi, et donner aux autres. La vie en van met en perspective ce qu'est une vie sans liberté. Celle où l'on remet sur les autres les raisons de son échec.

Déconnecté, celui qui vit différemment ? Ou plutôt, déconnecté, celui qui a suivi la parade ? Celui qui s'est embarqué dans un rythme et une relation qu'il ne maîtrisait pas, qui a tout accepté par paresse et manque d'imagination, qui choisit le neuf au lieu du seconde main, le job qu'il n'aime pas, mais avec des avantages sociaux et l'investissement dans une retraite qu'il ne touchera pas avant des décennies, celui qui idéalise son ultime liberté comme chaque jour il idéalise sa pause du midi, juste parce qu'il ne connaît pas mieux ?

Parmi les *full-timers* que je rencontre, une immense majorité est faite de retraités qui ont attendu toute leur vie pour voyager. Certains ont eu une vie de travail intense pour en arriver là. Et malheureusement, leur corps – resté assis ou trop sollicité – ne peut pas leur faire apprécier toute la liberté qu'ils ont acquise après leurs soixante-cinq ans. Eux font partie de cette génération qui vivra longtemps. Je ne crois pas que la mienne sera aussi chanceuse.

Ne pas adopter hâtivement les contraintes aliénantes du travail « normal » et passer plus de temps à se définir une occupation a beaucoup plus de sens pour aboutir au long terme sur un travail qui nous alimentera et nous ressemblera. Pour moi, ce serait cela, la carrière idéale.

J'ai donc pris ma retraite à vingt-cinq ans et demi. Il fallait juste y penser. Il fallait juste ne pas faire comme tout le monde.

4

La médiocrité

On vise à standardiser les pratiques pour rendre les gens interchangeables. Il ne faut pas faire moins que ce qui est attendu, mais il ne faut pas en faire plus.

ALAIN DENEAULT

Durant ma première année dans le van, j'ai appris plus de choses sur le monde autour de moi qu'en un quart de siècle à suivre la parade.

J'ai appris qu'on n'a pas besoin de beaucoup chez soi quand on peut faire de n'importe où son chez-soi. J'ai appris qu'il est curieusement plus paisible de se trouver dans un véhicule stationné quelque part que dans un appartement fermé à double tour. J'ai aussi appris des choses très élémentaires. Par exemple, qu'il est très simple d'aller faire ses besoins partout – il suffit d'apprendre les rudiments de la chose. Au lieu d'utiliser les toilettes de l'entrée d'un centre commercial, utiliser les toilettes du fond. Ces dernières ne sont que rarement visitées, car elles sont bien trop loin pour le consommateur moyen essayant de limiter ses déplacements. Ou mieux : réapprendre à faire la chose dans la nature. J'ai appris que les bibliothèques publiques sont l'une des rares inventions administratives humaines créées dans l'intérêt des citoyens, littéralement n'importe quel citoyen venant de n'importe quel endroit du monde. J'ai appris que prendre la route résout bien des problèmes et peut apporter une certaine paix. Appris que les étrangers curieux vous respecteront plus que la majorité de votre entourage sédentaire. J'ai appris que nous sommes nombreux à ne pas nous sentir à notre place dans le *rat race*, cette course folle à la situation professionnelle et personnelle « parfaite », que beaucoup d'entre nous semblent bloqués dans un moule et veulent en sortir, mais ne voient pas toujours clairement leur voie.

Pourquoi ?

Parce que dans ce moule d'une vie de travail standardisée[1], on nous a appris à bien exprimer telle idée selon le jargon approprié, à bien nommer ce fichier selon la date, à répondre à ce courriel au bon moment, à dire bonjour à la personne qu'il faut, à faire cette tâche pas trop lentement, mais pas trop vite non plus.

On a donc enseigné à notre cerveau qu'il est dans notre intérêt de choisir l'option par défaut, pour ne pas paraître fou. Comme si, à trop grandir en respectant des consignes, on n'osait plus essayer de déborder des lignes. On a appris à réagir tel qu'il le faut, à dire ce qu'il faut au moment où il le faut, à se comporter comme il le faut dans telle situation, sans réaliser que la phrase « il le faut » n'a sémantiquement aucune ambition, aucune

1. Lire Alain Deneault, *La Médiocratie*, Lux éditeur, 2015.

portée, aucun but narratif. J'assume seulement que « je dois » agir de telle ou telle façon. Parce que c'est ainsi.

La recherche constante de structures automatiques préétablies est un moyen que nous empruntons afin de ne pas confronter nos peurs infondées et d'éviter de régler nos insécurités. C'est le fameux syndrome des résolutions du Nouvel An : un mythe qu'il est bon de désapprendre et de remplacer par la confrontation des névroses qui nous animent.

Nous sommes si forts dans l'art de rendre les choses les plus simples compliquées, dans nos manies qui nous font dire que « c'est la faute à untel si je suis ainsi ou ne suis pas ceci ». Alors qu'il suffit de se regarder et d'accepter que rien ne vient ou ne viendra des autres, mais que tout sera provoqué et réglé par nous seul.

Dit ainsi, ça a l'air simple. Être conscient de notre état est très facile lorsqu'on s'élève dans un élan de motivation. Et puis, on oublie. On retombe dans les travers du confort. Les choix par défaut. On accepte les choses, bonnes comme mauvaises, qui nous tombent dessus juste parce qu'elles étaient au-dessus de nous. Ce n'est pas dans le lyrisme des résolutions de la nouvelle année calendaire qu'il faut être virtuose, mais dans la banalité du quotidien. La médiocrité n'est que le résultat de l'acceptation miséreuse d'un quotidien qu'on n'a jamais remis en question.

Il faut dire qu'on ne remet que très rarement en question ce qui nous tombe dessus. On a tendance à dire qu'on le mérite quand ce qui nous arrive est bon, et que c'est injuste et dommage si c'est mauvais, sans essayer de comprendre la base logique de notre condition, acceptant des situations qui nous font perdre de vue nos aspirations.

Ce schéma d'abnégation morose se matérialise par microdoses. Tous les jours, un petit peu. On ne s'en rend pas compte. « Ce n'est pas si important », se dit-on. Le jour d'après, une autre circonstance sur laquelle on trace un trait, une autre situation qui nous dérange, mais qu'on accepte, croyant être adulte, responsable, raisonnable, accommodant et réfléchi.

Puis, les jours se transforment en années et nous voici tenus par une vie raisonnable qu'on ne possède pas, par des relations qui nous contrôlent, un quotidien qui nous tient. Parce qu'au lieu de provoquer l'inconfort d'être honnête avec soi et les autres, on choisit l'autre option, celle qui est passive, celle qui tend à accepter ce qui nous tombe dessus.

« Ce qu'on appelle résignation n'est autre que désespoir confirmé », dit Henry Thoreau dans *Walden*.

Mais parce qu'on peut se divertir de notre condition et qu'on peut s'éloigner de nos mensonges en pensant que la vie des autres ou celle qu'on s'invente est égale à celle qui nous tient, on ne discerne plus notre aliénation volontaire. Quand on accepte les propos d'un ami, d'un patron, d'un collègue, d'un conjoint, d'un commis qui ne sont pas en phase avec nos valeurs. Quand on accepte le jeu social. Que notre entourage agit d'une certaine manière et qu'on demeure proches juste parce qu'on l'est depuis longtemps. Quand on accepte des relations par habitude, qu'on se fait dire ce que l'on est par des gens qui n'ont aucune idée de ce qu'ils sont eux-mêmes, quand un mélange de bouillon social assaisonné d'insécurité psychopathique pousse certains à s'asseoir sur les autres au lieu de chercher à s'en inspirer. Quand, au lieu de passer un instant de solitude pour s'affronter soi-même, on le passe en société à la recherche de bruit, d'une oisiveté cacophonique. Quand on succombe à l'éclairage de notre ego sans voir qu'il n'y a rien de vrai ni de durable dans la construction d'un ego. Se concentrer seulement sur le positif des choses qui nous sont tombées dessus, c'est oublier 50 % de la vérité qu'on provoque. C'est ce qui différencie une vraie vie d'une vie médiocre.

La vie en van me sort de ma médiocrité en me forçant à écouter et à rencontrer tous les jours ce qui se passe en dehors de chez moi, en m'exposant à différentes vérités que j'ajoute constamment aux autres déjà intégrées, sachant que rien n'est gravé à jamais. En m'obligeant à refaçonner mes routines et à remettre en question l'importance de mon quotidien.

Vivre dans un van me fait repenser ma position sur cette planète et met en évidence le point auquel nous sommes des êtres futiles, insignifiants. La médiocrité a comme effet malsain de nous faire croire que notre quotidien dérisoire est plus important que celui des autres, et que nous sommes plus importants que les autres.

En soi, « médiocre » n'est pas un mauvais mot. D'ailleurs, on confond souvent le terme avec « mauvais ». À mes yeux, ce que « médiocre » implique est pire que « mauvais ». La médiocrité est une moyenne tirée vers le bas. Une normalité molle. C'est suivre la parade. C'est, dans le rapport de domination humain et social, ce qui permet aux uns de s'asseoir sur les autres et aux autres de justifier leurs états de moyens. J'entends souvent à propos de modes de vie alternatifs : « Ce n'est pas pour moi, j'aimerais, mais je n'en suis pas capable ! »

Sortir de cet état de médiocrité nécessite tout d'abord des solitudes, une notion abordée plus pleinement dans les derniers chapitres de ce livre. Il y a une opposition fondamentale entre l'état de groupe qui gomme la complexité positive des êtres et l'état de solitude qui nous émancipe.

Dans la vie de tous les jours, la médiocrité est un réel enjeu au cœur de nos interactions sociales.

Nous sommes trop souvent médiocres en ne sachant pas exprimer aux autres notre état et nos volontés, car bloqués dans un système dont la structure nous est étrangère mais que l'on accepte. L'humain en société demeure constamment tiraillé entre dire ce qu'il pense et le garder pour lui, et ne finit par faire ni l'un ni l'autre. Lorsqu'il choisit la première option, son message est teinté d'amertume et de jugement, de telle sorte que l'autre ne voit que le reproche et non la véritable nature du propos.

De l'autre côté, quand il choisit la deuxième option qui est une forme de non-communication volontaire passive, l'individu envoie deux signes : d'une part, on fait comprendre à l'inconscient de notre interlocuteur qu'il pourra continuer à agir de façon dysfonctionnelle étant donné que nous sommes la personne « raisonnable », « adulte », « au-dessus de » ; d'autre part, on donne à l'autre une entrée gratuite pour nous abuser tranquillement, ajoutant à soi-même une couche de plus à l'amas d'acceptations anodines et de « désespoir confirmé » de notre état. Le microdosage de ces deux formes d'interactions sociales construit doucement une vie dans laquelle on s'oublie et qui solidifie l'adoption de la médiocrité.

Pour sortir de cet état médiocre et réaliser le monde d'alternatives qui existe, l'idéal serait d'opter pour un équilibre, un entre-deux. Il faudrait apprendre à ne pas réagir de façon impulsive aux choses, bonnes comme mauvaises, qui nous tombent dessus. Comprendre, sans pour autant oublier, ce qui pousse l'autre à se comporter de la sorte, pour finalement élaborer en détail notre pensée et l'établir dans le langage de l'autre. Mais pour cela, encore faut-il avoir appris à prendre le temps. De plus, il est un peu ironique d'affirmer que pour sortir de la médiocrité, il faut adopter le langage de l'autre, mais justement, c'est cette forme d'empathie distancée qui nous élèvera.

Cela dit, l'incompréhension entre deux individus n'est-elle pas simplement naturelle ? Peut-on parler le même langage que les autres ? Paradoxalement, c'est d'abord en faisant l'apprentissage de son propre langage qu'on peut comprendre celui des autres. Et le moyen pour y arriver serait l'écriture. On parle ici d'une écriture sans filtre, sans voile. L'idée d'un journal qui suivrait notre progression.

Dans notre discours aux autres, on teinte notre parole d'une construction narrative qui protège notre ego. Même en avouant une faute, on cherche des excuses pour justifier nos actions. L'écriture que je prône ici serait l'inverse du discours que l'on tient au sein du jeu social. Se poser devant ses contradictions, écrire le procédé par lequel on a été amené à agir d'une certaine façon, et rechercher dans cette autobiographie perpétuelle le lien avec nos traumatismes du passé pour activer la vérité d'aujourd'hui.

Il n'y a que de cette manière que l'on peut devenir pleinement conscient du filtre qu'on pose sur notre discours, de la vision erronée que nous avons de notre propre existence et, par la même occasion, de la façon de ne pas succomber à ce carcan. Savoir se regarder dans le miroir en avouant un bouton au lieu de le maquiller. Passer du temps à une exploration tranquille au lieu de rechercher le bruit du monde pour s'effacer, se consoler.

Poursuivre une vie sans divertissement.

5

Une vie sans divertissement

La seule chose qui nous console de nos misères est le divertissement, et cependant c'est la plus grande de nos misères. Sans cela nous serions dans l'ennui, et cet ennui nous pousserait à chercher un moyen plus solide d'en sortir, mais le divertissement nous amuse et nous fait arriver insensiblement à la mort.

BLAISE PASCAL

Sur l'écran de télévision Samsung de soixante-quinze pouces, un écran de veille tourne en boucle. Le salon est un carré où deux sofas perpendiculaires enserrent une table basse sur laquelle un iPhone et une tablette sont posés. Sur l'iPhone, lorsque ne sont pas mis à jour les *feeds* (« nourriture » si on traduit littéralement) Instagram et Facebook, j'ai installé un jeu de golf miniature qui m'a volé trois heures de mon temps ce soir. Niveau sept débloqué. Avec deux étoiles. Il en faut trois pour débloquer le niveau suivant, sinon on doit acheter la version payante à trois dollars et quatre-vingt-dix-neuf cents. M'attend, dans le frigo de la cuisine, un pack de six bières blondes torontoises qui, n'était-ce le marketing intense opéré par la marque, aurait autant de goût qu'une bière premier prix. Mais je suis à Toronto, et ça a un nom local, c'est donc un grand gage de qualité. Sur le plan de travail en faux-marbre-pas-de-Carrare, repose un pain de mie complet, préalablement tranché. J'étale une épaisse couche de la fameuse pâte à tartiner chocolat-noisette provenant d'un pot d'un kilogramme acheté au Walmart que je dispose au-dessus d'une autre tranche de pain soigneusement tartinée de beurre d'amande organique à douze dollars et quatre-vingt-dix-neuf cents du magasin biologique Whole Food, sans me soucier du ratio d'huile de palme et de lécithine de soja que contient la première tranche.

Soudain, des envies me traversent l'esprit. Et si j'allais faire du sport ? Courir le long de la rivière pour échapper à cette ville bondée où les gens ne se regardent pas. Et si je poursuivais l'écriture de mon roman sur lequel je travaille depuis mes années d'université ? Un peu trop d'effort. « Il faut que je sois dans les bonnes conditions », cherché-je à justifier. Pourtant, j'ouvre quand même mon ordinateur pour vérifier mes courriels et mes *spams*, comme si c'était important, sachant que je reçois les notifications sur mon cellulaire au son d'une alarme stridente qui, quand elle provient du téléphone de quelqu'un d'autre, agresse mes tympans.

J'ai en moi ce cocktail de bonnes excuses, à commencer par ma télévision qui me lance au visage un choix de programmes aberrants sans que je sache lequel choisir. Et si je lisais quelque chose ? Je sais que la littérature permet de s'inspirer et de matérialiser ses rêves, alors que trop d'audiovisuel n'apprend qu'à espérer vainement qu'ils nous tombent dessus. Je choisis donc l'audiovisuel.

Au vingt troisième étage du 1328, Bloor Street, entouré d'étendues sauvages lointaines, mon corps mou affalé dans le sofa gît dans une tour d'ivoire remplie de divertissements. Plus haut on se trouve, moins d'effort on produit. Et moins d'efforts on produit, moins d'effort on veut produire. Je suis ici depuis deux semaines en attendant que le van soit réparé, et me trouve à deux pas de la rechute. Imaginez quelqu'un vivre là pendant dix ans. Je n'ai pas d'enfant, pas de job de bureau. Imaginez un couple, deux enfants, deux jobs de bureau, une Volvo neuve en location sur soixante-douze mois – c'était une sacrée affaire cependant ! Imaginez le nombre d'excuses que l'on se créera pour ne pas vivre sa vie. Celles du genre « les enfants me fatiguent, tu n'as pas idée » ou « je n'ai même plus le temps de faire du sport » sont fréquentes, alors quand j'ai un moment pour moi, je me vautre sur le sofa devant une émission mal scriptée faisant l'apologie de la médiocrité, et utilise la fameuse excuse : « Ça me permet de mettre mon cerveau sur *off.* »

Est-ce une bonne chose de mettre son cerveau sur *off* ? D'ailleurs, quand se trouve-t-il sur *on* le reste de la journée ? Ne sont-ce pas des excuses pour faire défiler à l'infini notre écran de téléphone intelligent plus intelligent que nous ? De plus, vannés par l'énergie créative et non satisfaisante de nos enfants curieux enjoués par la vie, notre seul souhait sera de les coucher ou de les voir s'occuper seuls, puis de retourner au bureau lundi, afin d'éviter de se regarder dans le miroir aseptisé de la tour de condominiums où l'on est plus familier de la salle des poubelles qu'avec son voisin de palier.

Je stresse à l'idée de préparer le prochain repas, alors on va commander de la bouffe, et se mentir en disant que c'est juste une exception. « *Exception : n.f. (latin exceptio, -onis). Moyen soulevé dès le début de l'instance par le défendeur afin de faire reconnaître par son interlocuteur l'irrégularité de la procédure, son incompétence ou pour obtenir qu'il sursoie à statuer* (Larousse). »

Demain, dimanche. On aurait pu aller faire une mini-randonnée d'une heure comme on avait prévu, mais le petit est difficile ces temps-ci. Alors, on s'en sert comme excuse puisque le sentier se trouve à vingt-cinq minutes de voiture de la tour. Et finalement, on passe la journée à bader ces écrans qui défilent tous seuls, contents de vivre dans ce centre-ville au cas où il s'y passerait quelque chose d'important. Soudain, de nouveau une envie d'aller se délier les jambes, d'aller renouveler son air. Mais oh, et puis, on fera ça demain ou le week-end prochain. Parce qu'on est fatigué et qu'il faut se reposer. Et puis, « ça fait du bien de ne pas penser » devant cet écran. Non, ça ne fait pas du bien. C'est même le contraire.

La télévision m'indique un *No Signal* et me somme d'appuyer sur le bouton « Source » de ma télécommande pour me reconnecter à Apple TV. C'est que c'est très demandant, ces choses-là. J'en oublie même de dormir tant la tentation de visionner un nouveau programme que je n'ai même pas envie de regarder est forte. Pourtant ça semble avoir plus de sens que de fermer tous ces appareils pour entrer dans mon lit vierge de toute nuisance. Lorsqu'on est prisonnier d'une vie de divertissement, nos membres sont stimulés par une sorte de paralysie généralisée, si bien que certains dorment même avec la télé ouverte.

Le jour, les poignets et les paumes restent appuyés sur le bord d'un clavier, le dos et les vertèbres, près de nous abandonner. Le soir, on récupère notre cerveau en quittant la tour de bureau pour l'abandonner de nouveau en arrivant à la tour à condo, s'affalant sur un sofa inconfortable. S'offrent à nous ces films, ces images, ces histoires, ces musiques, ces informations que l'on fait défiler et qui, sans nous demander d'effort, nous parlent d'un monde qui, lui, est en mouvement, un monde vivant, vibrant d'amours fragiles et passionnés, de natures intactes, de misères insolvables et de tragédies globales. Notre espèce, prisonnière d'une vie de divertissement, regarde ce monde comme un ours polaire enfermé dans un zoo regarde ses visiteurs. Sauf que l'ours polaire n'a pas construit ni choisi sa propre cage.

Voilà plusieurs mois que je me trouve maintenant sur la route. Plus de condo au 1328, Bloor Street. Plus d'abonnement au câble. Plus d'écran plat de soixante-quinze pouces. Plus de jeux sur mon téléphone. Plus même de table basse.

J'aime ma routine en van car elle ne favorise pas le divertissement.

D'abord, diminuer ses dépenses implique nécessairement de réduire ses occupations passives, et je peux remercier les compagnies de télécommunications oligopolistiques dont les coûts de connectivité mobile sont si élevés que regarder des heures de *streaming* ruinerait mon budget après un seul épisode de la dernière série dont tout le monde parle.

Je vis pour me réveiller au bruit de mon environnement et ensuite me nourrir. Quand les besoins de dormir et de manger sont comblés, j'explore les alentours avec l'énergie de mon sommeil et de mon repas. Le temps ne passe jamais trop vite quand on en a le contrôle. Pas d'horaire de travail à respecter, encore moins d'horaire de divertissement à m'imposer (le fameux « film/match du dimanche soir »).

Cependant, dès que j'arrête mon mouvement, la tentation de suivre ces horaires se manifeste de nouveau. Dès qu'on abandonne le nomadisme, notre cerveau se reconnecte au monde et est sollicité : « Qui a gagné la demi-finale ? », « Qui a envahi qui ? », « Quelle vedette a porté une tenue trop osée lors de cette cérémonie inutile ? ! », « Quelle est la nouvelle série à regarder en rafale ? », « Qui a démissionné de son parti ou qui pense à se présenter aux prochaines élections ? Hein ? Cette star de quatre-vingt-quinze ans est morte ? ! »...

Du jour au lendemain, je passe de forêts et de massifs remplis de grands cerfs, d'ours, de loups et de rivières, à un centre-ville où les conducteurs urbains me klaxonnent parce que je respecte la limite de vitesse. L'effet de la ville transforme l'être humain en psychopathe. L'automobiliste feindra de regarder ailleurs pour ne pas avoir à freiner lorsque les piétons traversent, ces derniers feront mine de ne pas avoir vu la signalisation de la main orange fixe et forceront malencontreusement leur passage, tandis que le cycliste bourru vous donnera volontiers un coup de guidon si vous dépassez d'un pouce sur sa piste cyclable.

Curieusement, c'est dans les endroits les plus densément peuplés que nous savons le moins vivre ensemble. Nous vivons avec le moins d'empathie possible et la juste dose de conscience sociale lorsqu'on fait des repas entre amis et qu'on parle de politique, avant de mettre le « cerveau sur *off* ». Quel drôle de monde, cette planète urbaine qui ne semble connaître ni compassion ni gratuité, pas même de politesse honnête, seulement du divertissement onéreux qui nous met de mauvaise humeur le lundi matin.

Le divertissement produit un écho visuel sonore, doucement agressif, faussement gratifiant et permanent, qui s'ébruite et tasse toute volonté d'action. L'information en continu est comme un livre ouvert lu en diagonale qui nous fait espérer le drame. Un bulletin d'information sans drame, c'est comme du yogourt nature, c'est ennuyeux. Alors, on n'en vend plus. On appréciera toujours les histoires d'extrême misère qui nous indignent au plus haut point, tout en nous réconfortant de notre bulle de divertissement.

Succomber à une vie de divertissement est aussi facile que cligner des yeux. En fait, il suffit de les ouvrir pour constater qu'il est aujourd'hui plus rare de ne pas y être exposé plutôt que d'être confronté au silence.

On parle des « actifs » pour évoquer les citoyens ayant une activité professionnelle et contribuant à l'économie du pays. Pour moi, les vrais actifs sont ceux qui parviennent à sortir de la léthargie cathodique – ou à cristaux liquides pour être plus moderne. Le divertissement, autrefois rare, apportait juste assez de confort et de culture. Aujourd'hui, il n'est qu'un autre pan de l'hyperconsommation, toujours plus à portée de main, devenu presque associé à notre état normal.

Faisons un test. Je me retrouve oisif devant la télévision, en train de faire défiler sur mon appareil mobile la vie des autres, me donnant la sensation que je vis les événements avec ces acteurs virtuels. Se présentent alors à moi deux choix. Le premier serait de continuer à regarder et à me nourrir de l'existence superficielle des autres, des faits divers invraisemblables, des accidents de la route tragicomiques, des capsules mettant en scène des blagues faussement improvisées de comiques professionnels qui disent « prout », ou toute autre dégénérescence anticréative qui nous stimule juste assez pour qu'on continue à les regarder. Le second choix serait d'aller marcher, jardiner, ou toute autre activité cultivant plus de mouvement que balayer des yeux et tapoter des doigts. Ce pourrait être courir, composer, se nourrir activement, cuisiner, écrire, garder le silence, regarder le mur…

Tout individu ayant la force de se sortir de l'épaisseur du sofa pour choisir la deuxième option, qui à première vue demandait tant d'effort, se sentira émancipé et empli d'une puissance de l'esprit, une fois l'activité entamée, lui laissant penser qu'il peut accomplir encore plus. Il ne reconnaîtra même plus la personne qu'il était un peu plus tôt, ayant considéré la première option.

Un test aussi simple différencie deux types d'individus. Ceux qui ont la folie de penser qu'ils pourraient mettre sur pause leur dimanche d'inactivité et peut-être même quitter cette situation de confort inconfortable une bonne fois pour toutes. Et ceux pour lesquels le divertissement inhibe la volonté, justifiant par paresse toutes les choses qu'ils n'ont pas faites et ne feront pas dans leur journée, voire dans leur vie.

Le problème est que la distinction entre les deux n'est pas franche. Nous sommes tous ces deux types d'individus. Tout autant que nous pouvons poser nos doigts sur une télécommande pour choisir un programme, nous pouvons choisir d'aller dehors. Nous avons tous la capacité de respirer le grand air et de profiter de l'environnement extérieur pour qu'ils deviennent une source d'énergie vitale, nous avons tous la capacité de nous déplacer. Ce lien primaire que nous avons avec la marche n'est pas un hasard. C'est d'ailleurs la théorie du paléoanthropologue Daniel Lieberman dans son impressionnant livre *L'histoire du corps humain*[1]. Selon lui, l'exception de l'espèce humaine est essentiellement due à notre endurance et à notre capacité à parcourir de longues distances sans s'arrêter, un superpouvoir universel transmis au cours de deux millions d'années, et qui demeure en nous, qu'on le veuille ou non. Stimuler cette marche et ce mouvement, c'est stimuler tout ce qui justifie notre existence.

N'ayant plus de week-ends, ne disposant pas de ces jours définis célébrant la relaxation comme une récompense à une semaine passée assis à un bureau, ma vie en van m'a permis de perdre les automatismes de consommation de divertissement. Étant limité en électricité, avec ma petite batterie marine de 12 volts, je peux apprécier un film de temps en temps, si j'ai

1. Daniel E Lieberman, *The Story of the Human Body. Evolution, Health, Disease*, New York, Pantheon Books, 2013.

eu la chance de bénéficier d'une connexion Internet assez rapide quelque part pour le télécharger sur mon ordinateur.

Quand je choisis avec attention le divertissement qui s'offre à moi, ces moments deviennent si modérés que j'en oublie l'obsession. En n'ayant pas de vie sédentaire hyperconnectée, je ne suis plus à l'affût des modes et des tendances, la peur de manquer ou de ne pas être au courant d'un événement ne m'habite plus, car ma seule priorité est de trouver un endroit pour y passer la nuit tranquillement, ou de me coucher pour profiter au plus tôt des petites aventures que je tenterai le lendemain, ou simplement regarder le lever du soleil sur la mer. La vie nomade m'a retiré toute dépendance vicieuse, toute curiosité malsaine pour l'état du monde – cette dépendance perverse qui nous fait nous indigner des horreurs planétaires depuis notre salle de bains avec eau courante illimitée avant de retourner manger sur notre sofa.

Qu'est-ce qui peut bien nous empêcher d'opter pour l'aventure, même la plus minime ? Qu'est-ce qui nous attache à ce sofa ? Certains auraient-ils hérité d'une plus grosse partie de cerveau de chasseur-cueilleur nomade ? Les autres seraient-ils déjà rendus à la prochaine étape de notre évolution ? Seraient-ils finalement ceux qui ont raison ? Passer de l'action à l'inaction semble aujourd'hui plus naturel, en tout cas plus facile, que de faire l'inverse.

L'appel du confort est plus puissant que l'envie de vaincre les difficultés. Aujourd'hui, combien de gens autour de vous souhaiteraient n'avoir aucune activité ? Combien croient que ma vie en van n'est que palmiers et pieds dans le sable ? On a défini l'inactivité comme synonyme du luxe, simplement parce que le temps pour soi est, dans cette société de divertissement, un luxe. Nos vies de divertissement ont effacé la distinction entre temps pour soi et temps de divertissement, si bien qu'on n'a plus de temps pour soi.

La perte de temps est une notion qui a émergé avec celle du confort. Dans la société actuelle, nos vies tournent autour d'un temps qui ne nous appartient pas. Seul l'être en activité ne perd pas son temps. Car tout comme l'inaction attire l'inaction – moins on en fait, moins on veut en faire –, l'action attire l'action. Cela dit, le terme « activité » est difficile à définir. Est-on actif lorsqu'on divague sur Internet ? Combien de fois entendons-nous certains dire qu'ils ont eu une journée « ultraproductive » au bureau ? La prochaine fois que quelqu'un vous dira cela, demandez-lui ce qu'il a fait pour changer sa journée du lendemain. Ou a-t-il simplement été productif pour pouvoir rentrer chez lui et consommer son divertissement avant de retourner à l'abattoir douze heures plus tard ? Est-ce cela, « être productif » ?

L'Amérique est le berceau du divertissement pour une raison dont on prend conscience en voyageant à travers ses fuseaux horaires. Sur la côte Ouest du continent, alors que la journée est en train de se finir, l'Europe et l'Asie dorment, tandis que la côte Est termine de souper. Il ne se passe plus rien. Plus d'activité, plus de courriels, plus de *stock-options* qui circulent. Pendant ce temps, il faut bien occuper ces centaines de millions de personnes qui vont rentrer chez elles. Le divertissement a donc émergé comme une manière de pallier cette absence à la fois culturelle et temporelle. Hollywood, HBO, NFL, NBA…

Tant de divertissements mettant en scène la vie des autres pour occuper le reste des *homo californiacus* avant qu'ils n'aillent dormir pendant que l'Afrique se réveille et que le monde se remet en mouvement. Et le monde est aujourd'hui aligné sur ce modèle du fuseau horaire du divertissement.

Le divertissement s'est si facilement ancré dans nos vies que ces dernières sont devenues un évitement constant de l'ennui. On oublie souvent le sens premier du mot « divertir » qui est « détourner ». Le divertissement est un détournement automatique de l'ennui alors qu'il ne devrait être qu'une activité parmi tant d'autres, ou, dans les cas extrêmes, de détournement de la souffrance. Ajoutons à cela le fait que nos moyens de communication ont fusionné avec nos modes de divertissement, et on comprendra vite comment cette constante connectivité a naturellement induit le bouleversement dans notre relation aux autres[1].

Prenons l'exemple d'une rupture amoureuse. Autrefois, lorsque vous vous sépariez d'avec quelqu'un, il fallait beaucoup de coïncidence ou de volonté masochiste pour que vous communiquiez à nouveau. L'image de l'autre, ses valeurs, ses contradictions se dissipaient alors assez facilement, ce qu'exprime le dicton « loin des yeux, loin du cœur ». Aujourd'hui, des millions d'individus se séparent tous les jours, mais conservent une sorte de lien indirect quotidien par l'intermédiaire de leurs réseaux virtuels.

1. J'avoue omettre les nombreux avantages amenés par cette évolution, mais vous avez compris que nous en faisons volontairement abstraction ici.

Notre état d'hyperconnectivité sociovirtuelle fait en sorte que nous entretenons une attache trop facile qui vient perturber le deuil relationnel. Presque à notre insu, malgré tous nos efforts pour nous déconnecter, on fait défiler du pouce notre écran de cellulaire par ennui, et une image, une mention refait surface et nous ramène un visage et des mots évoquant des souvenirs intimes, nous replonge dans d'inutiles tracas.

Ce soir, je ne sais pas pourquoi, mon cerveau m'a dicté son nom. Enfin, je sais pourquoi. Je m'ennuyais et cherchais à éviter l'ennui. Je l'ai donc cherchée sur Instagram après avoir erré sur l'application pendant une demi-heure sans but. Et là, je vois sa vie en quelques tapotements de doigt. Dans le fond, elle a juste repris son quotidien comme j'ai repris le mien. Nous sommes l'un pour l'autre une parenthèse mutuelle terminée sur un conflit interpersonnel sans raison autre qu'un simple différend faussement amoureux parce qu'après tout, nous étions des étrangers qui avaient forcé le destin. Mais me voilà avec mon téléphone dans les mains, et si facilement, je vois sa vie. Je vois qu'elle repasse du temps avec ses amis qu'elle critiquait, ceux-là qu'elle dédaignait, sa famille que j'aimais bien mais avec qui elle cherchait des conflits, je vois que son existence sociale a doublé d'activités – logiquement – après notre séparation. En tant qu'ex, on peut avoir tendance à en faire une affaire personnelle, comme si ce qu'on faisait après la rupture était uniquement accompli pour prouver à l'autre qu'on existe toujours. Il y a parfois une sorte de jalousie filigrane qui accompagne une rupture, même quand la jalousie n'a jamais fait partie de la relation. Mais nous sommes les seuls responsables de notre ressentiment. L'autre n'a rien à voir là-dedans. J'ai souvent fait face à des personnes qui voulaient blesser intentionnellement l'autre, de peur de se faire blesser en premier. Une sorte de diplomatie du principe de précaution : « Regarde-moi, comme j'essaie de paraître bien sans toi, même mieux ! Et je vais tout faire pour que ça te fasse du mal. »

Autrefois, on avait écho de l'autre par des messages interposés, par l'intermédiaire d'amis communs, par des ragots… Aujourd'hui, on peut se servir directement à la source. Ce soir par exemple, j'ai flanché. Par médiocrité. Par ennui surtout. C'est la recherche désespérée de divertissement qui m'a fait l'épier.

Quand je suis sur la route en mode précaire et sans écrans plus faciles d'accès que de l'eau potable, je ne me soucie guère de toutes ces insécurités vis-à-vis mes relations passées. Mais ce soir, j'avais le luxe, le confort de m'ennuyer. Alors, j'ai voulu me faire du mal. L'ennui, c'est d'ailleurs en partie cela qui a ruiné cette relation. Ma vie en van m'avait appris à contempler et à apprécier l'ennui, tandis que ma blonde s'ennuyait quand il n'y avait pas de plan, pas de bruit, pas de gens autour. Nous nous sommes donc divertis à creuser nos différences et à sculpter sur mesure des insécurités et des conflits pour pouvoir nous faire vivre, comme des héroïnomanes stimuleraient leur manque.

Devrais-je en vouloir à l'ennui ? En fait, non. Car sans l'ennui, je ne pourrais pas avoir conscience de ces moments. Ce n'est que dans les instants d'ennui, au fond du baril émotionnel, que je peux me définir, réaliser de quoi je suis fait et quelles armes je devrais choisir pour m'en sortir. Ce n'est qu'à ce moment que je peux affronter mes contradictions et mes certitudes.

C'est notre tendance à ne pas accepter l'ennui qui explique le mal-être générationnel du XXIe siècle. Nous disposons de toute cette technologie de divertissement social qui mélange réalité et « rêvealité ». D'une part, ce qui se passe réellement autour de nous, et de l'autre, ce qu'on aimerait qu'il se passe. La transposition de nos désirs et de nos actes manqués sur les autres. Comme si le simple fait de s'ennuyer et de faire défiler les fils d'actualité Facebook nous faisait exister comme lorsqu'on marche dans la rue. Comme si ces petits « J'aime » et ces commentaires n'étaient que des « J'EXISTE ! » misérablement perdus dans un flot de non-information alimenté de *disaster porn* – ces informations utilisant les désastres de l'actualité pour susciter notre intérêt –, engendré par l'information-divertissement en continu. L'espérance qu'un drame lointain survienne pour s'en offusquer et confirmer qu'on a bien raison d'opter pour la recherche du confort.

Que faire alors quand on s'ennuie, pour ne pas rouvrir la porte aux choses néfastes de notre passé ?

Simplement les affronter. Les écrire. En parler. Et puis s'activer. Marcher, faire de l'exercice, lire, écouter le bruit dehors. Fermer les yeux. Penser à ce projet dont on parle sans l'avoir jamais commencé. Le commencer. Visualiser ce qu'on a accompli et toutes les choses pas très bonnes qu'on a amenées dans sa vie, toutes les choses importantes sur lesquelles on a tiré un trait comme pour tester sa capacité à se détester. Faire le vide de tout ce divertissement sucré annihilant qui se nourrit de notre manque d'aventure. Seulement là, on verra ce qui manque. Seulement là, on acceptera que ces moments puissent revenir, et quand ils reviendront, cela signifiera qu'il est temps de partir de nouveau ailleurs, ou qu'il est temps de ne rien faire.

Tout comme on a conditionné son cerveau à utiliser le divertissement pour pallier l'ennui, il faut lui faire intégrer une nouvelle norme, celle d'un confort dissocié du divertissement. Redéfinir et réapprendre que « perdre du temps » est le vrai confort.

On pourrait même dresser une liste pêle-mêle qui ferait office de routine, de discipline flexible, afin de repérer et de prévenir l'usage du divertissement.

Marcher au moins trois kilomètres par jour. Faire les choses les plus importantes de notre journée en premier et accepter que c'est assez. Ne pas toujours vouloir plus. Regarder la raison de son irritation avant de succomber à la colère, faire pareil pour la déprime et la passion. Se demander ce qui pousse quelqu'un à agir de la sorte plutôt que de le lui reprocher. Ne pas rire si une blague n'est pas drôle. Ne pas avoir peur de dire non. Utiliser son stress comme un outil permettant d'anticiper ce même stress. Ne pas transférer la réussite des autres comme si c'était la nôtre, même si on y a contribué. Ne pas sortir son cellulaire comme parade au vide. Conserver la technologie comme un outil. Éteindre tout écran au moins une heure avant d'aller dormir. Ne regarder que les films dictés par son envie et non par l'ennui. Ne pas regarder d'émissions de variétés ou de comédies où l'on rit parce qu'on nous dit de rire. Lire un paragraphe de plus quand on n'a plus envie de lire. Adopter la respiration « 4-7-8 » avant de se coucher, avant de se lever, et avant toute décision ou action importante : inspirer quatre secondes par le nez, retenir sept secondes sa respiration, expirer huit secondes par la bouche, puis répéter quatre fois. Ne pas combattre ses cauchemars et les intégrer comme une source de solution pour nos traumatismes qui n'ont pas été réglés durant la journée. Choisir l'inconfort, affronter le difficile pour se construire. Apprendre à se satisfaire du présent et ne pas anticiper le futur, qu'il soit plein d'espoir ou terrorisant. Privilégier les petits bonheurs aux exaltations grandioses et impulsives.

Accepter que c'est seulement dans l'expérience de l'anodin qu'on peut réellement s'émerveiller.

6

L'émerveillé

Tout ce que nous propose la civilisation, tout ce qu'elle nous apporte, tout ce qu'elle nous apportera, rien n'est rien si nous ne comprenons pas qu'il est plus émouvant pour chacun de nous de vivre un jour que de réussir en avion le raid sans escale Paris-Paris autour du monde.

Jean Giono

La vie sur la route m'a fait adopter un rythme plus lent et m'a forcé à embrasser cette lenteur. Tout simplement parce qu'en van, tout prend plus de temps. Cuisiner, me laver, m'habiller, me brosser les dents, trouver une manière de réparer mon système électrique, ma pompe à eau, trouver un endroit où dormir, regarder la journée passer depuis mon petit salon, observer les gouttes d'eau perler le long de ma fenêtre, écouter le silence…

C'est une vie moins active, selon les critères actuels, mais curieusement bien plus stimulante dans l'éventail de tous les petits moments qui m'entourent. Chaque instant est unique et est associé à un plaisir profond, indescriptible. Ces moments-là matérialisent la seule récompense, le seul vrai confort que j'embrasse lorsqu'il vient à moi.

En fuyant le confort matériel, on peut retrouver le confort de soi. Le confort de ces couchers de soleil qui viennent inonder des paysages pas nécessairement les plus grandioses, le confort de ces heures éternelles à écouter un bruit de mer qui vogue même dans la grisaille, le confort d'un certain spleen mélangeant un fond de mélancolie heureuse avec quelques gouttes de tristesse vagabonde. Je chéris ces moments depuis que j'ai compris qu'ils étaient essentiels.

La vie anodine et simple me séduit plus que le grand dessein ambitieux de l'existence. Je me sens plus défini par des instants rudimentaires que par les « grandes étapes » qui peuvent ponctuer nos vies. L'inactivité me rend plus actif que le travail régulier. Être seul me rend plus ouvert à aller vers les autres et à aimer tout le monde. J'essaie d'inculquer à mon cerveau cette recherche de l'anodin pour nourrir mes joies idiotes et alimenter mes peines créatives.

J'avais commencé à noter ces moments dans mon journal de bord quotidien. Et puis, m'oubliant, j'ai arrêté de les écrire, les prenant pour acquis. Non. Il faut écrire tous les jours. Garder trace de ces grâces du banal. Serait-ce en fait cela qui nous garde en vie ? Seraient-ce ces flocons de neige qui tapissent les collines ? Ces randonnées hors des grands sentiers ? Ces campements sur des terres isolées peu accueillantes mais pleines de beauté cachée ? Ces réveils à la chaleur des derniers soleils de novembre ? Ces couleurs de l'aurore dans le ciel d'hiver ?

À quel âge arrête-t-on de s'émerveiller ? C'est étrange, il semble que plus on grandit, moins on a la capacité d'être fasciné par les petites choses. Comme si après quelques années de plus sur terre, on ne se réveillait plus en se réjouissant d'être vivant et en appréciant que tout ce qu'on aime soit encore là. Comme si on n'était adulte qu'à partir du moment où l'anecdotique devient dérisoire.

L'émerveillement est pourtant essentiel, et si facile. Le bruit de la pluie. Un battement de branches. Une nuit étoilée sur un lac gelé d'hiver. Et le silence qui emporte tout. Un pied qui entre dans une profondeur de neige. Un vent de fraîcheur dans une canicule. Le bruit des animaux. Une marche en automne au coucher du soleil vers le sommet d'une montagne avec vue, n'importe quelle vue. Ici ou ailleurs, l'endroit importe peu. Il y a des couchers de soleil partout.

On pourrait croire que mon expérience nord-américaine est privilégiée, car il est vrai que nous jouissons sur ce continent d'une facilité d'accès à des endroits réellement reculés de tout, et à certains paysages encore intacts. Mais ce n'est pas nécessairement vrai. D'ailleurs, j'abhorre les paysages de carte postale et les régions trop marchandisées par les offices de tourisme. Les endroits où j'ai toujours trouvé le plus de puissance sont ceux qu'on ne verra jamais sur des cartes postales.

Apprendre à s'émerveiller, c'est apprendre à distinguer et à saisir un moment, peu importe où l'on se trouve, rendant tout endroit empli d'une simple et puissante beauté. L'ombre d'un jeune arbre sur un stationnement où j'ai passé la nuit me fournit presque autant de plaisir qu'un coucher de soleil avec des baleines en Gaspésie.

On passe son enfance à être fasciné par les choses anodines, à se créer les fantaisies les plus irréalistes, à incarner ce qu'on choisit d'être. Puis, l'âge adulte survient et déconstruit progressivement cette innocence. On accepte de ne plus être surpris par rien. On associe le fait d'être responsable et sage avec une distance fade, une neutralité désabusée.

J'éprouve un grand amour pour les chiens, non seulement pour le retour égal de l'affection et du respect que vous leur partagez, mais également pour ce trait qu'ils ont, cette faculté à concentrer toute leur énergie sur le moment heureux et l'instant présent. Ils peuvent avoir été battus, ignorés, mal nourris… mais leur cerveau agi de telle sorte qu'ils feront bien plus facilement que nous abstraction des traumatismes pour se concentrer sur l'appréciation du bonheur pendant une unique seconde, même si certains automatismes d'autodéfense restent en eux. Regarder un chien est le meilleur moyen de refléter notre inaptitude à l'émerveillement.

Car tous les artefacts du confort, qu'ils soient le travail routinier ou le divertissement facile, nous mettent dans un état d'évitement, d'occupation et de fausse relaxation de l'être, alors que l'oisiveté, dans son sens premier, est un désœuvrement honorable, positif, créateur, et bénéfique pour l'esprit.

Je ne garde en mémoire aucun réel souvenir heureux de mes heures de confort matériel dont j'ai pu profiter, même si sur l'instant tout me paraissait un plaisir. À l'opposé, les petits moments anodins sont ancrés dans ma matrice. Mais les sorties inutiles, les achats saisonniers, les voyages de quatre jours planifiés trois mois à l'avance : éphémères et oubliables. Ces divertissements représentent un bas degré de plaisir. Du « faux *fun* ».

Le philosophe-chasseur américain passionné par la condition humaine dans les grands espaces, Steven Rinella, distingue le « faux *fun* » du « vrai *fun* ». Le haut degré de *fun*, c'est passer un mauvais moment dont on se souviendra plus tard avec le plus grand plaisir. Un pneu crevé ou une panne, un accident bénin, une pluie torrentielle, une mauvaise rencontre sans conséquences dramatiques… Les moments inconfortables fournissent un apport narratif essentiel à notre bonheur. La difficulté apporte du relief à nos expériences. À l'inverse, le « faux *fun* », les plaisirs faciles et instantanés, sont plats, nous détournent du réel, sont juste amusants.

C'est un manège à la fête foraine, une fête où l'on danse sur des musiques du moment. C'est vrai que c'est drôle, c'est du *fun* sur le coup, c'est *confortable*. Mais s'en souvient-on un an, deux ans, dix ans plus tard ? Non. Peut-on le décrire aux autres ? Non. Ne reste en nous que le *fun* que l'on s'est soi-même créé et non celui qui a été créé pour nous. L'oubli presque instantané de ce *fun* éphémère nous pousse à demeurer en recherche constante de « faux *fun* », et nous fait répéter chaque semaine, chaque jour, des actions qui ne sont que divertissement. L'inverse même de se confronter à l'émerveillement.

L'émerveillement facile serait donc une fin en soi. L'émerveillement pour les petites choses permettrait de niveler son présent, d'accepter son passé, de faire la paix avec ses souvenirs. C'est accepter que ce soient ces petites choses qui nous ont définis dans notre parcours. C'est accepter que ce ne sont pas les autres ou nos sentiments par rapport aux autres qui nous déterminent, mais les petits moments qui ne dépendent que de nous. En intégrant ces automatismes, on peut faire la paix avec le passé qui parfois nous empêche d'avancer, de changer. On peut enfin faire de ce passé un souvenir, car tout passé qui nous revient est un passé qu'on n'a pas réglé. Sans émerveillement, comment filtrer ces parties traumatiques de notre passé ?

Cela n'arrive pas en un claquement de doigts non plus, mais progressivement. Une fois que nous prenons conscience de l'importance de confronter le moment présent tel qu'il est, et non tel qu'il sera demain.

L'essentiel est d'éviter le plus possible l'automatisme du divertissement comme défini dans le précédent chapitre. On a défini le divertissement comme étant le Graal ultime. La récompense d'une journée difficile, d'un dur labeur, d'une longue semaine à être assis de huit heures à dix-sept heures… On associe le divertissement au repos, comme si notre cerveau était au repos. Nous ne devrions être en repos que lorsque nous dormons. Le reste du temps, nous devrions voir tout ce qui nous entoure comme une fonction productive ou réparatrice. Pas comme un ramollissement de l'être.

L'étudiant, pour se récompenser d'avoir bien étudié, va succomber au faux *fun*. Des soirées effrénées à « l'implication » sociale sans bornes comme pour compenser proportionnellement le carcan de sa dette d'apprentissage. Le « bon » employé qui travaille plus d'heures qu'on ne le lui demande va succomber au faux *fun*. La tournée des magasins après une dure semaine, passer toutes ses soirées couché sur son divan, ou autre addiction…

Le phénomène commence dès le plus jeune âge : « Fais tes devoirs et après tu pourras allumer la télé. » Tout ce que l'on fait en établissant le faux *fun* comme récompense au labeur, c'est faire comprendre à notre cerveau que l'accomplissement de toute activité est ultimement vain, puisque le recommencement perpétuel de nos tâches n'a pour but que de nous faire poursuivre une carotte qui ne pousse même pas dans notre jardin.

La récompense du labeur devrait être la poursuite de la paix et du silence, pas d'un bruit perpétuel qui nous détourne de l'ennui. Il y a beaucoup plus de sens à trouver dans la puissance créative et émancipatrice de l'ennui que dans le détournement perpétuel du faux *fun*. Le faux *fun* nous « désémancipe ».

La façon dont le divertissement est aujourd'hui devenu à la demande, nous donne pourtant l'impression de contrôler notre présent. Or, on ne contrôle jamais le divertissement. C'est plutôt lui qui nous contrôle. La recherche incessante du repos par le divertissement n'a pas de sens non plus. Ce devrait être l'inverse. Le repos devrait nous encourager à poursuivre l'action. Cependant, depuis l'école jusqu'aux jobs alimentaires et la religion du cubicule, on pose l'équation activité-récompense dans le sens contraire, car on a transformé le travail et l'activité en une peine. L'école, par son manque d'exploration et de travail manuel, ne nous a pas enseigné l'appréciation de toute activité comme une fin en soi. On a posé l'activité comme une corvée, une tâche.

Nos démocraties d'employés de bureau se basent sur la poursuite collective d'un idéal individuel, alors qu'une société en bonne santé se base sur la poursuite individuelle du bien-être de tout le monde. Où est notre intérêt, d'accepter que notre temps libre, nos horaires, nos salaires soient fixés par une quelconque structure qui ne réinvestit pas la productivité de ses artisans dans leur bien-être ? Il est bien compréhensible que l'humain du début du XXIe siècle cherche l'inactivité et le confort, seuls moments où il a l'impression d'être libre.

Une partie de la vérité se trouve dans la recherche des moments qu'on ignore encore. La recherche non pas de la relaxation, mais d'un perpétuel mouvement, qu'il soit physique ou spirituel. La recherche d'un rien. La recherche d'un autre émerveillement anodin. Ensuite viendra une habileté naturelle à voir dans le détail anodin une plénitude, une joie immense qui nous suffira.

Nous vivons des hauts et des bas, nous sommes, au cours d'une même journée, flamboyants, médiocres, mauvais, sourds, idiots, brillants. Mais, quelle que soit notre humeur, on peut retrouver ces moments d'émerveillement. Une fois capables de les reconnaître et de les assimiler tels quels, on peut se créer un jardin de souvenirs, non pas traumatiques comme le reste de notre expérience humaine, mais plutôt comme une mémoire de moments de grâce si minuscules que nous seuls pouvons les apprécier. Seuls, car nous le sommes souvent dans notre expérience de l'anodin, même s'il est certes possible de partager, tant qu'on accepte que l'autre ne sera peut-être pas capable de voir le moment de la même façon que soi.

Le simple fait de prendre conscience de cet instant, de le relever, de le décrire, de s'en réjouir, fait de vous un individu qui célèbre l'immédiat au lieu d'envier l'imprenable. La poursuite de cet anodin vous amènera peut-être plus loin, à la recherche de quelque chose qui vous fait peur, quelque chose d'inconfortable. Il faut se souvenir que tout sourit aux âmes qui osent. Une sortic vcrs l'inconnu dont vous n'aviez initialement pas envie par paresse, une rencontre provoquée, une prise de parole, un sourire aux autres, sourire pour soi, sourire seul. La meilleure façon d'être là pour les autres. Simplement.

7

Vivre seul

Ces proches voulaient toujours que « l'on se voie », comme s'il s'agissait d'un impératif, alors que la pensée offrait une si belle proximité.

Sylvain Tesson

L'humanité moderne ne cesse de célébrer et d'encourager la quantité des interactions sociales. Le nombre d'amitiés, le nombre de sorties par semaine, le nombre de mentions « J'aime » sur nos réseaux sociaux… Tous ces quantitatifs régissent notre réussite si bien que des générations entières se définissent davantage par le reflet de l'existence qu'elles projettent aux autres plutôt que par la valeur de leur existence elle-même (étant actif sur Internet pour mes activités, je suis moi-même souvent confronté à ce danger).

Il est très facile de trouver un confort aveuglant dans l'amas de relations, bien plus facile que de bâtir et d'entretenir des relations individuelles authentiques. La conséquence d'une vie sociale trop remplie est qu'on est amené à chercher le confort dans l'autre, à se définir par le groupe. Mais laisser un groupe déterminer notre position sociale ne nous offre plus le droit de changer, d'être quelqu'un d'autre. Au moment où on le rejoint, le groupe a déjà décidé du rôle de chacun.

Il est vrai qu'être en groupe peut divertir de certaines névroses et solitudes. Le groupe est parfois nécessaire, mais chercher à baser son existence autour d'un groupe n'a pour effet que de nous faire rôder autour de la médiocrité qu'on attend de nous, en diluant la possibilité d'exprimer et de cultiver son esprit critique – qui, selon Alain Deneault, est un rempart à la médiocratie. Le confort des choses sociales, du partage de l'intimité, le confort de l'Autre altère souvent la part la plus importante de l'individu, supprime les aspirations qu'il n'a pas mûries.

Il y a quelque chose de tribal dans notre volonté d'appartenir à un groupe, de joindre une équipe, d'adhérer à un parti ou à une croyance pour nous aider à trouver un sens à notre existence individuelle. Avec raison d'ailleurs, car notre évolution nous a démontré que nous sommes une espèce qui ne peut survivre qu'en coopérant. Mais dans notre monde confortable aujourd'hui, adhérer à un groupe ou à une idée n'a pour effet que de renforcer la dépendance à nos propres convictions, alors qu'il n'y a aucun mal à changer d'avis, de position, d'envies.

La vraie liberté d'esprit, c'est d'abandonner certaines idées au lieu de s'y cantonner. Et ce n'est qu'en sachant se gouverner seul que l'on peut vivre en accord avec ses contradictions – et celles des autres. Nous devrions donc chérir les relations rares, individuelles, et un certain minimalisme dans nos interactions.

La vie sur la route fait qu'on s'éloigne du bouillon social, mais a pour effet de filtrer et de bonifier les relations avec des personnes qui n'hésiteront pas à vous revoir comme si vous n'étiez jamais parti. Vous les compterez sur les doigts d'une main. On les appellera nos « proches », et la distance n'a pour effet que de solidifier nos liens.

La vie seul sur la route a également remodelé la façon dont je me définis. Car si c'est le regard des autres qui déterminait ma personne, je ne serais qu'un marginal, qu'un petit privilégié déconnecté de la réalité ayant eu la « liberté de choisir ». Qu'un jeune prétentieux sans responsabilités. Je serais grand et à la fois infiniment petit par rapport à ceux qui mesurent quelques pouces de plus que moi. Je serais maigre pour certains et je mangerais trop pour d'autres. Je serais un Montréalais pour les Canadiens anglais, un Européen pour certains Québécois, un Québécois pour les Européens, un Canadien pour les Américains. Je serais exotique pour certains, et incroyablement monotone pour d'autres. Trop blanc, ou trop bronzé. Drôle, loquace, agaçant, à la fois réservé, coincé, « pogné » comme on dit. Je serais débrouillard pour les uns et gauche pour les autres. Je serais un bourgeois-bohème pour les paysans, et un plouc pour les *hipsters* des villes. Un mécano aux yeux des moins habiles de la clé à molette et une princesse aux mains qui n'ont jamais travaillé pour un garagiste qui répare mon van. Je serais un enfant pour mes parents, mais un parent pour les autres. Un tendre gauchiste pour ceux qui se disent conservateurs-libéraux et un *redneck* réactionnaire pour ceux qui n'osent pas se confronter avec certaines réalités. Le meilleur cuisinier du quartier pour ceux qui n'ont jamais touché à une poêle, et le pire pâtissier pour ceux qui savent réussir une meringue. Je serais à la fois un aventurier téméraire pour certains, et un imposteur pour les voyageurs adeptes des expéditions extrêmes. Un expert des comportements animaux et de la vie sauvage pour les plus urbains, une chochotte inexpérimentée pour les chasseurs « survivalistes ». Un incollable sur l'acériculture aux oreilles des novices du sirop d'érable et un ignare pour les propriétaires d'érablières…

Sommes-nous ce que les autres disent de nous ou sommes-nous ce que nous décidons d'être ? Cet exercice met en l'avant la multiplicité de l'être et montre que je n'ai pas d'autre choix que d'accepter que je suis tout cela en même temps.

Si je n'étais pas seul, je me définirais selon tel ou tel qualificatif, je me conforterais dans ce que mon entourage sélectif décide de ce que je montre. Ce n'est qu'en étant seul, et paradoxalement « avec tout le monde », que je peux être toutes ces choses à la fois sans avoir à choisir ou à graver dans la pierre ce que je pense. D'ailleurs, je ne sais pas ce que je pense. Mais ce n'est qu'en étant seul que je peux découvrir et explorer toutes les facettes de ma personne. On ne peut pas vivre avec les autres si on n'apprend pas à vivre seul pour la simple et bonne raison qu'on ne peut pas respecter l'espace de l'autre si on ne sait pas quel est le sien.

De plus, certains vrais plaisirs ne sont-ils pas solitaires ? Partage-t-on jamais le même souvenir avec quelqu'un ? Ne sommes-nous pas voués à créer des expériences égoïstes même quand elles sont partagées ? Prenons l'exemple d'un paysage. Certains y verront un sentiment de familiarité avec un autre paysage similaire qu'ils ont pu voir dans leur vie, d'autres une impression d'exotisme lointain, certains seront touchés par le coucher du soleil, d'autres n'y verront qu'une longue attente. Le partage n'a de valeur que celle que l'on donne à la personne avec qui l'on partage.

C'est seul que l'on se crée son expérience du réel. C'est seul que l'on peut briller. Prenons l'exemple d'un duo harmonique, qu'il provienne d'un opéra ou d'une chanson de country. Habitués aux bandes sonores diverses qui peuplent leurs vies, les divertis écouteront un air et entendront une harmonie qui sonne comme une note. Les musiciens sauront percevoir un accord de deux notes uniques, *seules*. Chacun des deux virtuoses se concentrant pour jouer ou chanter sa note sur sa tonalité. Briller seul pour faire briller l'autre. Deux âmes qui, le temps d'un bref instant, sont en communion, mais qui sont fondamentalement seules.

L'humanité qu'on s'enseigne et se raconte ne cesse de forcer l'accord, de se convaincre que l'on devrait tous ne faire qu'un, notre histoire commune refoule la célébration de l'individu, de *tous* les individus. Certes, elle mettra en avant telle ou telle figure de son temps, mais seulement pour l'ancrer dans son contexte et son groupe. Autrefois, cela avait du sens car on ne survivait pas seul. Mais aujourd'hui, n'étant jamais vraiment seuls, notre conception de la survie est-elle la même ?

On nous a appris à dire « c'est ma moitié », pour parler de son conjoint sans remarquer à quel point cette réduction un peu ridicule dégrade l'être complet. Il semble plus important de ne faire qu'un, comme si être en couple, c'était abandonner son « un » premier. Comme si dans l'autre, on pouvait se trouver, se rassurer, rejetant le fait que nous sommes tous seuls, en couple ou non. Chez certaines personnes, qui ne confrontent pas leur ego avec elles-mêmes, on peut reconnaître une incapacité à accepter la réalité de leur humanité. Elles diront sans honte des choses comme « je ne suis pas capable de me retrouver seul(e) ». À l'inverse, d'autres affirmeront qu'elles n'ont besoin de personne. Deux extrêmes un peu dangereux, et déconnectés.

S'abandonner dans l'autre, qu'il le conjoint, l'amour impossible, l'entreprise, les tâches ménagères, le divertissement, les biens matériels, le bruit, le groupe, n'est que la poursuite inconsciente d'une échappatoire, un magasinage de déceptions. Dans notre société globalement libérale et dérégulée, il y a un paradoxe à forcer l'homogénéisation et à rejeter cette autre forme d'individualisme.

Nous promouvons l'abondance d'un entourage au lieu d'encourager le *bon* entourage. Nous posons la quantité comme un gage de réussite alors que la réussite devrait être basée sur le contenu. Et les relations n'échappent pas à cela. Comme si plus on a d'amis, plus on excelle dans l'étalage social. On met en avant le nombre, oubliant que la base première devrait être la fidélité sociale. Pas l'abondance.

L'individu devrait l'emporter sur le groupe afin de, justement, mieux faire partie de ces dits groupes. On entend souvent des gens qui font partie de groupes se plaindre d'untel ou d'unetelle, ces employés devenus accros à critiquer collègues et patrons. Dans le cas d'un grand groupe d'amis, on ne se pose même plus la question, car c'est le groupe qui représente un tout et nous sommes finalement plus amis avec le groupe qu'avec les individus faisant partie de ce groupe.

La fidélité sobre, même si elle est un risque car c'est un accord entre deux personnes qui peut être rompu à tout instant et occasionner malentendus et déceptions, revient à promouvoir la qualité d'une relation unique. Seul le tête-à-tête nous récompense et nous encourage à apprécier la vérité de notre rapport avec l'autre. La multitude n'est qu'un dérivé du jeu social, un divertissement de plus, un poids qu'on ajoute à notre bagage de choses encombrantes qu'on accumule par sécurité, par peur de ne pas être comme tout le monde, par acceptation molle de rentrer dans le moule.

Dès que vous n'avez pas ce standard de vie sociale, on vous prend en pitié, on vous juge, on ne vous comprend pas. Certains se demandent quel est mon problème, si c'est « normal » que je sois si souvent seul. « Sans amis » est la pire insulte de la cour de récréation. On accorde à l'amitié multiple beaucoup trop de valeur, relations qui sont d'ailleurs tout aussi éphémères que celles du couple. J'ai longtemps pensé que l'amitié dans un couple était plus forte que le couple lui-même. Peut-être. Mais l'individu surpasse l'amitié. Plus la relation, intime ou non, est une relation de jeu social, plus le malentendu peut s'installer, ou pire, quand l'amitié est utilisée comme une forme ambiguë de contournement du couple. Encore une fois, une façon de protéger l'ego. Et j'en ai été moi-même – et j'en serai probablement encore – souvent coupable.

On apprend à s'en faire, mais on n'apprend pas à perdre des amis. Cette situation est souvent vécue comme dramatique, voire traumatique. Alors que perdre des amis, c'est grandir. D'une certaine manière, perdre ses amis à l'adolescence est la meilleure chose qui puisse arriver à un individu dans sa formation humaine.

Vers seize ans, j'ai fait partie de ces millions de victimes d'adolescents, certes inconscients, mais mal intentionnés. Alors que toute ma vie j'avais fait partie des « populaires », je me suis retrouvé seul et aliéné à cause d'une différence (peu importe la différence, les enfants sont très forts pour appuyer sur n'importe quelle insécurité de leurs semblables… jusqu'au jour où ça tombe sur eux). Mais avant cette bénédiction de devenir aliéné, subsistait en moi une ambivalence. D'un côté, la peur d'être « sans amis » et d'avoir à avouer un échec qui avait pourtant commencé bien avant que je ne le réalise. De l'autre, le soulagement d'être libéré de ce poids que mon subconscient savait néfaste pour moi.

C'est ainsi qu'au cours de mon parcours je n'ai retenu presque que des amis uniques, avec qui nous échangeons, parfois peu, parfois beaucoup, avec qui nous pouvons nous oublier, puis nous reparler, avec qui j'entretiens des relations de distance et de dialogue, et ce, même si nous nous écartons parfois dans nos visions du monde ou nos priorités. Mais rien n'enlèvera la base de ces relations uniques. Dès lors qu'un groupe est survenu dans mon entourage, la logique du jeu social s'enclenchait. Un peu comme dans ces repas en famille où tout le monde semble avoir une idée de ce que les autres sont, sans laisser une chance à ces derniers d'exprimer qui ils sont vraiment hors de l'intime familial où, finalement, c'est celui qui parle le plus fort qui gagne.

La quantité sociale n'est qu'un leurre, certes divertissant parfois. Mais dans l'adversité, un groupe se défait, des petits groupes se forment, certains sont blessés et délaissés, négligés, le jeu social s'enclenche. Lui et elle mènent les choses, on dit de lui qu'il est ainsi, d'elle qu'elle est comme ça. On ne laisse plus à l'individu le droit d'exprimer sa complexité dès lors que le groupe arrive et simplifie les caractères pour établir une norme que chaque membre doit tacitement respecter. Et apprenant que la réussite sociale va de pair avec le fait d'être nombreux, on n'osera jamais remettre quoi que ce soit en question, encore moins rejeter ce groupe, sortir de cette relation. Le confort de la multiplicité sociale n'est pas durable et peut même être très coûteux.

Avoir moins de « connaissances » et limiter son entourage, c'est aussi diminuer les distractions et les nombreuses dépenses automatiques futiles. À l'inverse, une relation bâtie sur le dialogue et l'unicité sera dépourvue d'enjeu si ce n'est celui d'être des adultes qui communiquent sans rien avoir à prouver.

On se force à suivre un modèle qui n'a pour conséquence que d'empêcher l'individu de grandir et d'explorer sa complexité. On se force à contempler les grands nombres et à chercher la contrainte des autres pour ne pas avoir à gérer la contrainte de soi. Il y a bien plus d'avantages à bâtir la solitude comme notre état normal, qui permettra de s'ouvrir à la rencontre, au dialogue avec des gens qui, si j'avais un groupe, se trouveraient hors de mon champ. Car on n'est jamais autant soi-même que lorsqu'on se trouve seul.

L'idée ici n'est pas une solitude monastique, mais une solitude ouverte nous permettant d'exploiter notre potentiel d'individu, d'aller à la rencontre de la diversité des idées et des personnes, y compris de soi.

Avant d'entreprendre un pas vers le voyage à long terme ou tout autre mode de vie différent, qui se veut intérieur et extérieur, on peut se sentir tenu. Pourtant, il suffit de déterminer les choses qui nous empêchent de nous délester des poids inutiles et de travailler sur les plus lourds. Par la suite, il pourra être nécessaire de parler avec des personnes de notre entourage qui n'ont aucun intérêt ni à nos succès, ni à nos échecs. Cela peut être un parent proche ou éloigné, quelqu'un avec qui on a cultivé une relation rare de proximité ou quelqu'un à qui on n'a jamais adressé la parole, avec qui on entretiendra une certaine transparence conversationnelle. Ensuite, viendra l'analyse des choses que l'on peut faire à court terme pour avancer vers son but. Ce n'est qu'à ce moment-là que l'on sera en mesure de prendre une décision « sur un coup de tête », et que cette décision durera.

On se demandera comment passer au-dessus des qu'en-dira-t-on, mais c'est la partie la plus facile du processus. On cherche le regard externe comme une approbation, alors qu'il suffit d'admettre que ce regard externe ne nous définit pas et d'arrêter d'y chercher l'adhésion pour que notre vie de sens commence.

Bien sûr, l'humain sera toujours poussé à rechercher la communauté et la coopération. Bien sûr, il n'y a pas plus réconfortant parfois qu'être compris par l'Autre. Bien sûr, un jour, il faudra se poser, toucher un peu à la sédentarité si l'on veut simplement cultiver son potager. Cependant, rien ne nous empêche de garder un mouvement continu en adaptant notre style de vie à celui, un peu plus nomade et solitaire, au lieu de définir la sédentarité comme une norme et un obstacle.

Dans nos cultures, on associe le nomadisme et le vagabondage à des adjectifs dépréciatifs, tels que « pas fiable » ou « marginal ». On essaie de rendre ce mode de vie nomade inaccessible, romantique. Tout dans notre culture est fait pour nous éloigner de ce qui nous définit. Car notre fonction première est de bouger, le mouvement est dans nos gènes. Des gènes acquis au cours de centaines de milliers d'années.

En nous reposent plus de 202 019 années de mouvement conscient. Il est tout simplement ridicule de rejeter cette fonction innée.

Ce mouvement ne devrait pas forcément être grandiose et lointain. Les plus petits périples peuvent se révéler les plus profonds. D'ailleurs, ma vie de voyage n'a rien d'extraordinaire. Toute vie, même nomade, comporte des contraintes nombreuses que l'on pourrait énumérer dans un autre livre tout entier (et que j'évoque dans la seconde partie de cet ouvrage). Il serait faux de rendre synonymes « nomadisme » et « liberté infinie ». Mais c'est en travaillant avec des contraintes que l'on s'émancipe, non pas en les rejetant.

L'émancipation par le mouvement nécessite d'abord d'apprendre à gérer les peurs que notre vie sédentaire ne nous fait pas affronter : la peur de l'inconnu, la peur de ne pas y arriver, la peur de manquer d'argent, la peur du regard des autres, la peur de quitter les siens, la peur de s'engager dans un chemin autre que celui qu'on aurait pu suivre, la peur de ne pas avoir de chez-soi, la peur d'être seul.

Réside en nous un nombre incalculable de peurs que certains passent toute une vie à contourner, optant pour l'accumulation de confort qui, lui, a toujours été là à portée de main, se tenant tranquille, accessible, rassurant.

C'est ici qu'intervient enfin la notion du minimalisme. Ce n'est qu'en se construisant seul, et avec *peu*, que l'on peut contrôler l'émergence et la propagation de nos peurs, pour la plupart matérielles. Dans une existence minimaliste, lorsqu'une peur survient, on la regarde dans les yeux et on l'invite à se joindre à nous. C'est grâce à cette peur qu'on peut embrasser ses aspirations.

Nos peurs annoncent le mouvement. Elles ne sont que l'expression simple de l'espoir qui nous anime pour avancer, bouger, vivre dehors. Pour ne plus avoir peur d'avoir peur.

8

Vivre hors de chez soi

À qui est sans abri, je lui dis
de trouver où est chez lui.

Ben Okri

Tout aussi précaire qu'elle soit, la vie en van implique une certaine logistique. Particulièrement pour ce qui a trait à l'hygiène.

Faisant de mon véhicule ma maison, je m'accordai le luxe de choisir un van qui aurait une douche intégrée – se pliant dans un coin de placard de soixante-quinze centimètres de largeur. Certes, les douches que je prends sont calculées en fréquence et en durée car mon réservoir d'eau fraîche est limité (je n'ai jamais aussi bien appliqué le concept de la douche militaire de trente secondes), mais elles n'en sont pas moins bénéfiques. Malgré mon vigoureux entrain à mépriser le confort, la douche en est un que je ne saurais critiquer. Même si on s'habitue très vite à se laver moins lorsqu'on ne transpire pas, je ne compte pas le nombre de journées ou de nuits de canicule qui me sont moins suffocantes grâce à cet accès privé à une douche bien froide.

De la même manière, avoir du linge propre s'impose de temps en temps, ce qui donne lieu à des visites bimensuelles à la buanderie, tous les douze jours pour être précis (c'est le nombre de sous-vêtements que je possède. Maintenant, vous savez tout).

D'abord, il faut trouver ladite buanderie. Comme tout autre commerce dans la société urbanisée, on en croise partout lorsque nos affaires sont propres, mais dès qu'on porte son dernier bout de linge, il faut tourner pendant trente kilomètres pour en dénicher une.

Tout comme les bibliothèques publiques, les buanderies sont pour moi un moment de reconnexion. D'ailleurs, je trouve les humains qui se rendent à ces deux endroits beaucoup plus intéressants que ceux qui ont des livres et des machines à laver chez eux. Ce qui, à la base, est un moment de corvée est devenu pour moi un moment d'observation et une pause importante dans mon mouvement, un miroir qui me rappelle que je suis à la fois étranger et « comme eux », peu importe où je me trouve sur le continent.

Devant notre linge qui tourne, avec nos pièces de monnaie dans les poches, le regard fixé sur les minutes qui s'écoulent, nous sommes tous égaux.

Dans les petits villages, ils me voient arriver avec mon *camper van*, ils me regardent me garer entre deux places étroites, essayant de ne pas taper la porte de ce qui pourrait être la voiture du propriétaire de la buanderie avec qui je vais peut-être devoir faire la conversation plus tard. Je prends mon sac de linge sale, y ajoute le drap de mon lit, mes chiffons de cuisine et ma serviette de bain. Je sors par la porte du milieu en essayant de ne pas me cogner la tête. Quand j'ai presque terminé ce rituel « prébuanderesque », je réalise que j'ai oublié mon détergent à lessive à l'arrière. Il me faut donc retourner à l'intérieur du van, ouvrir le rangement en contreplaqué sous le lit, ne pas me cogner la tête. Ah ! et j'ai failli oublier le sac en plastique contenant toutes mes pièces de vingt-cinq cents pour les machines. Une fois entré, je scanne la buanderie et jette un œil aux prix déjà dérisoires, comme si les fixer allait les faire diminuer. Je choisis avec soin une machine. Aujourd'hui, j'ai suffisamment d'expérience pour savoir que les vieilles machines à laver sont plus efficaces et contiennent plus de vêtements que celles dernier cri, ce qui n'est pas le cas des sèche-linge.

Mon linge en train de tourner en vrac (je n'ai jamais séparé les couleurs, ce n'est pas maintenant que je suis sans domicile fixe que je vais commencer…), je cherche un coin pour me poser avec mon ordinateur qui restera en veille sur mes genoux, ou avec un livre que je ne lirai pas, trop distrait par les allées et venues des uns et des autres, tel un enfant qui suit un papillon des yeux. Ces heures à la lavomatique me ramènent à la période de ma vie où je prenais le métro. Tout comme je restais figé sur les autres passagers, je suis incapable de me concentrer sur mes occupations dans cette buanderie, mon regard est attiré par le mouvement des portes qui s'ouvrent et se ferment, absorbé par les gens bizarres à qui j'invente des histoires, que je dissèque à travers leurs quelques attitudes et paroles, intrigué par le linge qu'ils viennent laver. Le monde des buanderies a quelque chose de cassé et d'horizontal. Nous sommes tous de passage, nous avons tous souillé nos habits de transpiration et autres aléas primaires, et nos possessions textiles tournent ensemble, macèrent proprement pendant soixante minutes dans les mêmes tambours. On ne peut être dédaigneux ou hautain lorsqu'on se regarde en train d'attendre que ses caleçons sèchent. Nous savons qu'une fois que le sèche-linge sonnera, nous étalerons tous, ou du moins sortirons en public de ces foyers de chaleur nos secrets textiles. Nous partageons ces bouts d'intimité.

Je trouve dans cette précarité anonyme un peu miséreuse une protection qui mélange insécurité et confort, l'impression de passer complètement inaperçu pour certains et d'être un objet de curiosité pour d'autres. Susciter l'intérêt et échanger ou être complètement ignoré, pas d'entre-deux médiocre.

Cela fait plus de trois mois et demi que je n'ai pas parlé français. J'avais oublié qu'à North Bay, on se rapproche de l'Ontario francophone. L'homme à l'entrée de la lavomatique qui me regardait en train de m'y reprendre à mille fois pour me garer est le propriétaire. À la vue de ma plaque québécoise, il a l'air heureux lui aussi de pouvoir m'adresser la parole en français. La plupart de ses clients sont anglophones. « Il est ben l'fun ton camion ! Il est de quelle année ? Pis le millage, il consomme-tu beaucoup ? »

Je ne compte plus le nombre de fois où j'ai eu cette discussion à propos de mon van. Je pensais que cela deviendrait lassant à force de toujours raconter les mêmes choses, mais je m'applique à fournir les faits demandés tout en essayant de ne jamais tenir le même discours avec les mêmes phrases. Ces conversations, à première vue insignifiantes, nous amènent à évoquer des sujets toujours plus profonds sur la vie, le voyage, et m'en apprennent plus sur l'histoire immédiate de ces terres et de ces gens dont je croise la route que si je m'arrêtais à l'office de tourisme du coin. C'est en partageant nos histoires qu'on réalise que chacun porte en soi un monde sans même en être conscient. Ou peut-être que ma vision est tronquée. Peut-être que seuls ceux qui ont eux-mêmes exploré des contrées m'adressent la parole…

Jean, le propriétaire du Laundromat de North Bay, me fait la jasette. J'apprends qu'il ne pourra pas trop partir en vacances cet été parce qu'il faut que quelqu'un s'occupe du commerce qu'il a racheté il y a six ans, un an après sa retraite, car il ne savait pas quoi faire de ses journées. Cependant, il y a quelques années, il avait parcouru tout l'est du pays avec sa femme et sa roulotte.

Je ne parviens pas à déceler s'il est anglophone ou francophone, et lui ne semble pas capable non plus d'en dire autant à mon égard. Il prononce « Petawawa » avec une lenteur à la fois grave et enjouée. Je lui demande où il pense que je pourrais trouver un petit lac tranquille pour camper. *Pellahouaouo*. Vers Pellahouaouo, il y aurait donc de beaux endroits.

Dans les yeux de tous ces gens que je croise, ma vie en van inspire exotisme et familiarité. En empruntant leurs routes, traversant leurs régions, dormant parfois dans leurs stationnements de centres commerciaux ou sur le bord de leurs forêts, en allant travailler volontairement dans les fermes locales dont ils ignorent parfois l'existence, je m'adonne à une assimilation expresse à leur identité tout en ayant l'air d'un vagabond bienveillant. Eux autres me voient de passage, si bien que nous pouvons partager nos opinions de façon transparente, étant donné qu'il est très peu probable que nous nous croisions de nouveau un jour. Ce sentiment, mêlé de compréhension et considération mutuelle, me satisfait, me ressemble.

Le *roadtrip* à durée indéterminée nous oblige à nous adapter rapidement aux nouveaux environnements et aux cultures locales, tout en évitant l'inconvénient d'y rester confortable et que la routine fasse chercher aux uns et aux autres des suspicions et vices inutiles.

La route efface les différences, particulièrement dans une buanderie. Car on a tous besoin de laver son linge sale.

Quand je me trouve dans ces lavomatiques, sans dessein, mais allumé par une sorte de flamme du mouvement, je me demande si je cherche l'inconfort parce que ma vie a été trop facile jusqu'à présent, et qu'on ne peut se définir qu'en adoptant l'opposé de ce qu'on a vécu. Selon Carl Jung, chercher à sortir du confort serait la seule manière de retrouver les dispositions où l'on excelle. Ce n'est que dans le dur, dans le vrai, hors de ses zones de confort, hors de chez soi, que l'on peut apprendre, créer, apprendre à se créer. On m'a donné le confort, la sédentarité, et je les ai fait perdurer. Mais je m'y perds, je m'y abîme.

À la base innée, car elle était jadis le moyen le plus facile pour les humains de se reproduire en masse et d'assurer la survie de l'espèce, la sédentarité est aujourd'hui si développée qu'elle a encouragé la concurrence des ressources, favorisé la pression démographique – et, de façon inversement proportionnelle, la dépression clinique –, l'accumulation et la surconsommation des biens, les maladies, etc. Une déchetterie permanente alimentée par des milliards d'individus se démultipliant chaque jour, prenant chaque année des résolutions qu'ils ne tiendront pas. Plus d'énergie à fournir, plus de choses à construire, plus de bois pour les nouveaux meubles en kit, plus de plastique (donc plus de pétrole) pour les ustensiles de cuisine dont on ne se servira jamais car même la nourriture est apprêtée pour nous – n'est-il pas incroyable, dans notre société, de pouvoir passer une vie en s'alimentant sans jamais avoir de relation directe avec ce qui nous nourrit, et que certains dépensent davantage dans le fuel qu'ils mettent dans leur véhicule que dans ce qu'ils mettent dans leur bouche ? Et pourquoi ne pas fabriquer encore plus de matériaux pour renouveler nos biens désuets : changer le matelas, le sofa, les vêtements, la voiture… Jetons l'autre, prenons du neuf.

La construction d'un petit nid douillet qui ne bouge pas est dangereuse tant pour l'individu que pour l'avenir de notre société et de la planète. Ce confort inconfortable s'agrippe à notre liberté de mouvement et à notre liberté de penser.

La sédentarité s'est d'ailleurs construite sur le refus du nomadisme. La société moderne s'est définie dans le rejet et l'aliénation – l'extermination le plus souvent – des sociétés nomades et semi-nomades, sans réaliser qu'en cherchant à pérenniser le confort, on vouait l'humanité à son propre déclin.

On a divisé les lieux, ceux où l'on travaille et ceux où l'on vit, tout en réduisant la distance entre les deux, et par la même occasion le labeur – réel celui-ci – de se déplacer, de « mouver » comme diraient les anciens Québécois. Chaque chose est à sa place, mais pas de place pour bouger. Dans mon van, je voyage, je travaille, je dors, je mange. Je suis en mouvement perpétuel, et je ne me suis jamais autant réalisé que maintenant, alors que, paradoxalement, ma contribution de productivité effective à la société de marché est proche de zéro.

Il y a quelque part en nous un instinct qui sait que notre réelle identité n'est pas cet état actuel des choses. Car ne cherche-t-on pas constamment à vivre hors de chez nous ? À sortir, à voyager, à vagabonder hors de ces banlieues pavillonnaires pleines de maisons qui se ressemblent, vite et mal construites, sans réelle isolation, comme si c'était fait exprès pour faire consommer plus d'énergie, pour nous rendre plus dépendants, tout en nous encourageant à ne pas cultiver notre jardin ?

Il serait facile de bien les concevoir, ces maisons. Si notre façon de bâtir et de cultiver n'était pas aussi insensée, on pourrait abandonner tout pour voyager et y revenir quelques mois plus tard. Si elles étaient bien pensées, elles ne vieilliraient pas, ces maisons. Seulement aujourd'hui, nos murs et nos toits sont bâtis pour ne pas être durables et demandent un entretien constant.

Ce qui à la base relève du confort se transforme en une suite de corvées permanentes qui provoquent en nous un mal-être, un stress, quand ce n'est pas un désir d'échappatoire. Ces maisons sont de plus en plus fragiles et prennent des airs de boîtes en carton polluantes qu'on ne peut laisser à elles-mêmes plus de deux semaines de congés payés sans qu'elles moisissent.

Près de Lethbridge, dans la région des Badlands en Alberta, je suis allé rencontrer Glen Kinney, propriétaire avec sa femme Dawn de l'un des premiers *earthships* au Canada. J'ai pris la route 2 au sud de Calgary avant de découvrir qu'après la jonction avec la 529, la route disparaissait pour s'ouvrir sur un chemin de gravier tout droit sorti d'une publicité pour pick-up tout-terrain. Un vent constant de 100 kilomètres-heure, typique des Prairies, me frappe de côté. La route semblait si longue, et son état se détériorait progressivement. Quelques semaines plus tôt, je me trouvais dans le nord de Prince-George en Colombie-Britannique et je croyais avoir parcouru des pistes en mauvais état. Mais il y en a toujours une pour battre l'autre dans le Championnat intercontinental des RPC (routes les plus cahoteuses). Au fond, c'est peut-être signe que les technocrates de l'aménagement du territoire ne se sont pas encore arrivés ici, un luxe rare et appréciable – moins apprécié par les suspensions de la FloMobile.

Finalement, dans un nuage de poussière de dix kilomètres de gravelle qui m'ont paru soixante, le chemin de terre s'ouvre sur des collines encastrées dans le sol témoin d'anciens territoires jurassiques. Et au cœur de cette vallée trône un *earthship*. C'est une sorte de bâtiment rectangulaire en bois et en tôle, digne des plus belles maisons d'architecte – du genre manoir ultramoderne appartenant au héros (ou méchant) d'un film d'espions. La construction est épurée, dans un style à la fois scandinave et très américain étant donné l'intérieur simple et rural. Mais un *earthship*... qu'est-ce que c'est, au fait ? Je n'avais pas encore bien compris.

Je suis avec Glen et son berger des Pyrénées, tous deux assis sur la terre sèche et craquelée – on se croirait dans un de ces clichés de l'Afrique de l'Est photographiée par Yann Arthus-Bertrand depuis son hélicoptère. Glen m'explique qu'un *earthship* (en français, on dirait un « vaisseau de la terre », ce qui est un peu trop « *new age hippie* » à mon goût) est une maison qui ne consomme rien. Au contraire, elle produit. La maison est imbriquée dans le sol et utilise l'inertie thermique afin d'équilibrer les échanges de chaleur. En d'autres termes, elle garde une température intérieure constante. Les fondations sont faites de pneus usagés, parfaits pour favoriser ce principe de l'inertie thermique et les transferts de chaleur. Quelques semaines plus tard, à l'est, en route vers le village de Rivers, je rejoindrai la construction du deuxième *earthship* construit dans la province du Manitoba et observerai de près ces pneus qu'on remplit de terre et qu'on aligne côte à côte – mélange entre travail minutieux et extrêmement primaire, à l'image de ces maisons à mi-chemin entre villa intellectuelle postmoderne et hutte paléolithique.

En comprenant comment ces maisons sont faites, je réalise que le concept est tellement évident qu'il est stupide de ne pas y avoir pensé avant. La maison est orientée par rapport au soleil – on appelle cela l'énergie solaire passive –, une serre avec fruits, légumes et plantes fait office de sas de chaleur et un système de ventilation, dont la base est creusée dans le sol à température constante quelle que soit la saison, joue le rôle de système d'air conditionné l'été et de chauffage l'hiver. Une maison passive *et* productive. Vraiment simple, presque bête. Si bête que c'est encore marginal aujourd'hui d'envisager ce genre de construction, que les banques ne considèrent pas comme valables pour un prêt hypothécaire et que les médias traditionnels appellent encore « maisons-poubelles ».

Une fois qu'on découvre les *earthships*, il est presque impossible de comprendre pourquoi on construit encore des maisons ridiculement consommatrices et non durables. Nous avons perdu la notion du gros bon sens.

Glen m'emmène sur la colline voisine plus verdoyante où paissent ses chèvres et ses alpagas. Ça ne paraît pas car les prairies font perdre tout sens des distances, mais il y a un bon kilomètre à parcourir. Les chiens des Kinney nous accompagnent. Percy, la bergère des Pyrénées qui a sûrement compris que je la trouvais fort sympathique, vient me lécher le visage alors que l'on s'assoit sur la terre de laquelle débordent des milliers d'ammonites, preuves d'une présence encore plus antérieure que les autres signes conservés de la préhistoire. Sur le site, il y a également des *tipis ring*, vestiges encore très peu étudiés d'une présence protohistorique dans la région des Grandes Plaines, datant de milliers d'années avant l'extermination expresse et les migrations forcées que nos Européens modernes s'empressèrent de mener à bien sur les peuples autochtones afin d'y poser des vaches et des champs de blé génétiquement modifié.

Je regarde Glen siffler ses chiens qui s'amusent autour de l'enclos des chèvres. Il est assis, il est tranquille. J'ai l'impression que c'est là qu'il vient quand sa femme lui cause du souci – car même une maison passive ne règle pas les chicanes de couple. Il vient là, s'assoit contre le vent, regarde son *earthship* emmagasiner le soleil et pense à ses tomates cerises qui grimpent, à ses nouvelles herbes qu'il a plantées dans la serre. Les vallons verts et jaunes ont l'air d'un tableau à perspective hypnotique. Le ciel est infini et ressemble à ces fonds d'écran des premiers ordinateurs Windows des années 1990. Percy, la bergère des Pyrénées, vient chercher compagnie et se love contre mon épaule.

Lorsqu'ils ont fini la construction de leur *earthship*, me raconte Glen, tous les villageois des alentours sont venus voir le résultat des travaux, certains parcourant vingt kilomètres – la curiosité en milieu rural est presque une religion. En visitant la maison, tous essayaient de trouver les failles du système (ce qui me rappelle les gens critiquant ma vie en van), tous énuméraient les contraintes, tous disaient que la maison-poubelle des Kinney ne résisterait pas aux saisons. Mais quand les vents violents du printemps ont fait sauter la centrale électrique de Lethbridge, les Kinney étaient parmi les seuls dans la région à avoir l'électricité grâce à leur banque de panneaux solaires de 5 000 watts.

Je sens que Glen est heureux d'avoir son *earthship* et sa terre, son jardin, ses oignons, ses cochons, son troupeau de chèvres, ses poules et ses canards. Je sens aussi une certaine insatisfaction financière émerger au bout de nos conversations. Glen travaillait auparavant dans l'industrie du pétrole comme beaucoup d'Albertains, faisait beaucoup d'argent comme beaucoup d'Albertains, puis a perdu son emploi en 2015 comme beaucoup d'Albertains. Curieusement, la plupart des Albertains, peu importe leurs convictions politiques, espèrent encore retrouver un emploi dans l'industrie du pétrole. C'est la voie facile. Autrefois, j'avais à cet égard beaucoup de réserves et d'idées préconçues. J'arrive à mieux comprendre aujourd'hui l'attachement presque culturel de ces régions où les énergies fossiles coulent. D'une part, le salaire – l'Alberta est de surcroît la province la moins imposée au Canada avec des salaires moyens bien plus élevés que dans le reste du pays –, mais également la fascination pour une matière qui les a bénis, tout aussi coûteuse pour l'environnement qu'elle soit. Un or noir, ressource naturelle qui prend des allures de manne biblique pour certaines sociétés, de l'Alberta au Texas. Il y a une incompréhension de la part du reste du monde pour ces régions productrices de pétrole. Eux voient le pétrole comme une récolte, émergeant du sol, comme toute autre ressource offerte par la terre, bitumineuse et sale lorsque rejetée dans notre atmosphère certes, mais néanmoins comme une ressource. Des nutriments pour avancer, « pour faire avancer l'économie », comme on entend souvent parmi les élites politiques et économiques se trouvant des excuses pour ne pas investir réellement dans l'accompagnement énergétique provenant d'une autre origine que cette exploitation lente et dévastatrice de la forêt boréale et de la toundra arctique.

Nous autres ne pouvons comprendre cet attachement au pétrole car, un peu comme avec la viande animale, la plupart d'entre nous n'ont pas de connexion réelle avec la provenance de cette ressource. Même s'il y a quelque chose de dérangeant dans le fait de sortir de la terre un produit que l'on rejettera sous différentes formes nocives, tous le consomment, refusant de se salir les mains, n'acceptant pas l'acte de tuer le vivant pour le consommer même si nous le consommons sous cellophane. Nous laissons les autres construire nos maisons. Nous laissons les autres réparer nos voitures et faire les corvées pénibles sans essayer d'apprendre comment faire par nous-mêmes, ou d'apprendre à vivre avec moins, sans prendre conscience qu'en réalisant ces tâches, on accomplit mille fois plus que de rester assis sur une chaise pendant huit heures en recevant un alignement de chiffres sur un bout de papier à la fin du mois. Mais on vote écolo et on va au travail à vélo. Nous voulons jouir de nos conforts sans accepter les prérequis néfastes qui nous incombent. Nous préférons donner notre compassion aux causes qui nous sont étrangères – généralement, plus la cause est lointaine, plus elle nous semblera louable. Est-ce cela, vivre vrai ?

Glen a construit son *earthship* avec l'aide d'entrepreneurs intéressés par ce genre de bâtiments. C'est en fait toute une communauté qui parcourt l'Amérique, de chantier en chantier, pour ensuite mettre à profit les connaissances acquises pour leur propre projet. La plupart des artisans sur un chantier de *earthship* souhaitent un jour s'en bâtir un. Pour la majorité, leur rémunération en échange de leur participation à la construction est l'enseignement et l'apprentissage de cet artisanat multidisciplinaire.

L'histoire des *earthships* vient de Taos au Nouveau-Mexique et a été initiée en réaction à l'avènement du développement immobilier banlieusard de masse, il y a plus de trente ans, par Michael Reynolds, gourou de l'architecture durable qui a su exploiter ce beau filon pour fonder une école et un modèle d'affaires aujourd'hui très rentables (il suffit de passer par la très intéressante région de Taos au Nouveau-Mexique où je me suis rendu l'année suivante, pour voir un nombre incalculable de ces petits vaisseaux de la terre émerger un peu partout dans le haut désert).

Plus tard, au Manitoba, je rencontre Scott qui a étudié pendant plusieurs mois à l'académie de Michael Reynolds, et qui a participé à la construction de l'*earthship* des Kinney. Ici à Rivers, il mène les travaux du *earthship* de deux jeunes trentenaires qui prennent leur temps pour se bâtir une terre autosuffisante. La construction leur prendra près de deux ans, car ils ne sont que trois et délaissent le chantier sous la neige durant l'hiver. Ils espèrent cependant avoir fini la pose des pneus – qu'ils ont récupérés à travers toute la région – au début de l'automne pour dresser certaines fondations et quelques murs avant l'arrivée des premiers grands froids. Pendant ce temps, Scott me raconte qu'il a trouvé, grâce à ces maisons, le sens de son existence. Cependant, comme avec Glen et sa recherche d'emploi, je ressens beaucoup d'amertume et d'impatience dans le fait de ne pas pouvoir avancer aussi vite qu'il le voudrait dans ses projets, faute de moyens. Il ne veut pas grand-chose, il veut juste un bout de terre, une vie tranquille. Je vois dans ses frustrations un peu des miennes, probablement typiques des obsessions entrepreneuriales de notre génération. Je me surprends à lui dire des paroles positives. Que cette recherche de moyens pour se bâtir une existence fait partie intégrante de tout projet, que c'est déjà incroyable, ce qu'il fait. Et ces simples mots encourageants, avec quelques messages que nous nous enverrons plus tard, semblaient le toucher dans la plus grande des simplicités. Je ne crois pas que l'on dise assez aux autres qu'ils ont du talent, qu'ils doivent faire confiance à leurs qualités, qu'ils y parviendront. Aujourd'hui, il mène le projet *Grow Calgary*, une ferme urbaine qui tourne trois cent soixante-cinq jours par an, inspirée du concept des *earthships* pour accompagner les saisons.

Obsédés par notre poursuite personnelle de la réussite et du confort facile, nous nous empêchons parfois les uns les autres de nous réaliser, alors que de temps en temps, il serait si simple de se dire : « C'est bien ce que tu fais, continue. »

Bref. Un *earthship*-ferme l'hiver, un van l'été. Une belle idée.

Glen Kinney m'a avoué qu'il espère encore retourner dans le domaine du pétrole. Car son *earthship*, même s'il a plein de sens, demeure un point de sédentarité. Et malgré son zen communicatif, je ressens en lui le dessein du voyageur, l'âme de l'arpenteur. Sans user de nos mains, sans pousser notre corps, nous, les humains, nous semblons démunis. Et rejoindre les chantiers au nord de l'Alberta paraît alors une bonne excuse.

C'est sans doute pour cela que je veux m'échapper dès que je suis sédentarisé. Ayant maintenant goûté à ce privilège de ma vie en van, l'une de mes plus grandes peurs s'est réalisée : la trop forte habitude à m'échapper est devenue une dépendance. Car c'est la réponse à tout. Et je la célèbre.

Hors de chez soi, voilà l'un des rares endroits où nous sommes vraiment confortables. Mes nuits les plus extraordinaires furent celles où je perdais tout contrôle sur l'endroit où je me trouvais. Chaque nuit dans mon van est ainsi. Pendant que je dors jusqu'aux premiers instants de mon réveil, l'impression d'appartenir au monde entier m'habite, je suis tour à tour dans ma couveuse de nouveau-né, dans mon lit d'enfance,

Cette image représente tout ce qui me fait vivre, me transporte, m'héberge...

(Ici sur les routes du Colorado pendant un hiver passé dans le Sud-Ouest des États-Unis)

En adoptant une vie nomade à temps plein, on découvre que beaucoup de régions regorgent d'endroits naturels et insolites, parfaits pour se poser (sans oublier de toujours respecter ces mêmes endroits).

Quand je ne me trouve pas dans la nature, plusieurs options urbaines s'offrent au nomade en van. Proche des parcs, cimetières, marinas, certains emplacements municipaux... en tenant évidemment compte des règles de stationnement (ci-dessous aux abords du Mont-Royal à Montréal).

Dans les forêts nationales du Colorado.

Walmart : Une autre option est de se stationner dans les grands centres comme certaines grosses chaînes à l'instar des Walmart qui tolèrent le stationnement de nuit. Moins glamour, mais ça dépanne.

Quelques nuits tranquilles dans la baie de San Francisco. Seulement possible en van !

Une petite chambre avec un lit double qui se convertit en salon,
une cuisine, et douche centrale avec toilette annexe.
C'est tout ce qui constitue ma petite maison.

Sur les routes de la Côte-Nord au Québec.

Éviter les autoroutes principales et prendre les petites routes permet de faire de magnifiques découvertes (Ici au Nouveau-Mexique) et de presque « s'intégrer » aux paysages.

Une belle nuit « hivernale » le long du Rio Grande.

Prendre le temps d'apprécier les vues. Il m'a fallu plusieurs mois d'adaptation après avoir quitté ma vie sédentaire pour apprendre que le chemin est souvent plus enrichissant que la destination en tant que telle.

Ma première panne, dans la Rocheuses. où je fus « forcé » de rester une semaine à explorer le cœur du Parc des Rocheuses à camper au terrain du garagiste du coin, alors qu'une nuit de camping dans la région est très coûteuse. Lorsqu'un imprévu survient, la vie en van nous démontre qu'il y a toujours quelque chose de positif à en tirer.

Et regarder les étoiles sans pollution lumineuse.

Je loge souvent dans de petites fermes où je passe de plusieurs semaines à plusieurs mois. Sous forme de volontariat, je peux ainsi vivre en dépensant peu et surtout en restant connecté à la terre et en allant à la rencontre de communautés locales.

La vie en van est une manière économique de voyager car en se dotant de petits ronds de poêle dans son véhicule, on peut cuisiner, au lieu de manger dehors, ce qui permet de dépenser beaucoup moins et également de se nourrir sainement et localement.

On évoque parfois la solitude qu'une vie nomade peut engendrer si l'on est seul. Apprendre à vivre pour soi, afin de mieux vivre avec et pour les autres peut souvent mener à la réalisation des choses importantes.

En Alberta, à l'Earthship de la famille Kinney,
avec Glen et son chien.

La FloMobile en Arizona et en Utah.
Vivre en van, c'est aussi voyager et faire du tourisme.

La vie nomade permet d'explorer les grands espaces de plusieurs manières, que ce soit par la randonnée, le vélo ou comme sur cette photo au Montana avec mon packraft (embarcation gonflable).

L'une des premières images de ma vie en van, alors que j'embarquais pour le nord de la Colombie-Britannique.

dans une maison inconnue sur un sol brut, tantôt seul, tantôt aux côtés de personnes avec qui j'ai pu partager certaines nuits de ma vie, parfois flottant au sein de rêves stressants – mais même mes cauchemars se sont emplis d'une certaine paix et résolution de l'être. La paix de dormir sans entrave et de rêver d'espaces qui ne sont pas limités. Paradoxalement, dans ma chambre grande comme un minuscule cagibi sous un escalier, une porte s'ouvre sur tout un monde avec lequel je suis en phase, en *flow* continu. Ces nuits sont les meilleures, je les recherche constamment.

Il y aurait également une raison scientifique qui expliquerait que je n'aie jamais aussi bien dormi. Dans une voiture, le fait d'être isolé par des pneus éliminerait toute l'électricité statique. De plus, les ondes qui pénètrent nos constructions branchées aux prises d'alimentation, perturbant notre sommeil sans qu'on s'en rende compte, sont absentes. C'est le principe de la cage de Faraday. Outre l'électromagnétisme proche de zéro, la raison de mon sommeil de plomb est aussi mécanique : les suspensions de mon camion rendent mes micromouvements nocturnes sans chocs pour mon corps trop raide qui dorénavant flotte avec ses propres mouvements. Moi qui ai toujours souffert de maux de cou et de dos, il est ironique qu'aujourd'hui, alors que je dors dans ma voiture sans même un oreiller, j'en souffre bien moins !

Peu importe où je stationne mon van, du plus beau lac de la région au parking d'un centre commercial pour une nuit en transit, j'entre dans mon sac de couchage, nageant tel un être omniscient et amorphe. Et tout s'arrête. Dans ces nuits, je suis tout le monde et je ne suis rien. La nuit est le lieu où l'on règle ses comptes, où l'on fait le tri dans ses souvenirs entre l'utile et l'inutile, où l'on donne à son sommeil carte blanche pour faire un grand ménage.

Il faut faire confiance à son sommeil, car seul le sommeil sait régler pour nous notre état conscient et l'ajuste comme un accordeur aveugle à l'oreille absolue répare un piano les yeux fermés. Le sommeil nous aide à organiser nos frustrations, ne les assouvit pas, mais les confronte à notre ego – le vrai, pas celui que l'on crée en se mentant. Au fond, on est vraiment nous-mêmes seulement lorsqu'on dort. Et c'est uniquement sur la route que j'ai trouvé ces moments de communion, quand je me trouvais en permanence hors de chez moi, mais intégralement en moi.

Dans une vie de normes et de structures, on cherche à échapper à notre chez-nous. Même chez soi, on ne se sent pas chez soi. De manière paradoxale, les quatre murs et le toit qui nous abritent sont devenus un poids matériel que l'on ajoute au poids de notre existence qui pèse sur nos épaules, un bien que l'on possède rarement complètement, dont l'entretien monopolise notre énergie tout en nous obligeant à demeurer fixes, enchaînés.

Dans mon mouvement, je fais de n'importe où mon chez-moi sans me l'approprier, sans le déclarer mien en y plantant le drapeau de mes allégeances, simplement en l'appréciant pour la durée de mon passage. Vivre hors de chez moi est devenu mon foyer, le seul endroit qui me permette d'explorer, de préserver mon espace et de laisser de l'espace aux autres. Hors de chez moi est ce qui se rapproche le plus de chez moi.

De nombreuses fois, on m'a gentiment proposé de coucher à l'intérieur, dans des salons, des chambres d'amis, lors de tempêtes de pluie, des premières neiges, des canicules… « Tu ne vas pas dormir dans ton van quand même ? » me demande-t-on avec pitié.

Je n'ai jamais su expliquer à quel point mon van est mon seul chez-moi. Parce qu'il est partout, parce qu'il est tout ce dont j'ai besoin et qu'il représente ce que je suis. Parce que même dans des périodes d'incertitude, il a été le seul endroit où, pour la première fois de mon existence, je pouvais jouir d'un repos complet, jamais interrompu. Béni d'un sommeil à la fois lourd et léger, un sommeil plein, nu et chaleureux, un sommeil souvent solitaire, mais bienheureux.

Partie 2

Vivre en van

1

Qu'est-ce que la vie en van ?

Il serait difficile de définir la vie en van, car elle regroupe différentes manières de vivre sur la route, différentes façons de vivre sa vie. Il n'y a pas *une* vie en van, mais bien *des* vies en van.

On peut déménager dans sa voiture parce qu'on n'a simplement pas le choix, parce qu'on ne peut ou ne veut pas mettre de l'argent dans un loyer, parce qu'on veut travailler de façon plus mobile et voyager de manière plus autonome, parce qu'on veut faire l'expérience d'un peu plus de simplicité dans son mode de vie, qu'on n'a plus vraiment besoin d'une grande maison ou qu'on se sent bloqué par ses possessions matérielles… Ou, et c'est souvent le cas, un peu de toutes ces choses à la fois.

Tout aussi lyrique que ça sonne, la vie en van pourrait se décrire ainsi : « Vivre plus avec moins. »

Cela dit, vivre en van aujourd'hui n'est pas si extraordinaire. Au cours des dernières années, la tendance est devenue un réel phénomène de mode si bien que des milliers de personnes à travers le monde adoptent ce mode de vie.

Vivre dans son véhicule a toujours beaucoup attisé fantasmes et critiques. On peut associer cette façon de vivre au mouvement hippie des années 1970 et au Westfalia à fleurs. On peut aussi l'associer à ces gens qui ont perdu leur travail, leur maison, ou qui tentent de se réinsérer en société, mais, croulant sous les dettes, n'ont d'autre choix que de devenir sans domicile fixe. Cependant, entre ces deux extrêmes on trouve une myriade de variations, toutes associées de près ou de loin à une remise en question générale. D'abord une remise en question de notre mode de vie et de la façon dont la société conçoit le travail à temps plein et la consommation, mais aussi une façon de reconnecter avec soi-même, les autres, et l'espace autour de nous.

Dans la première partie de ce livre, j'évoquais la fascination de l'humanité pour la route. Comment, malgré l'établissement de la sédentarité, l'humain oscille entre rejet des gens du voyage et besoin de mouvement. Et la route, qu'on la fasse à pied ou en navette spatiale, est une manière d'échapper aux choses qui nous retiennent, aux obligations et responsabilités que l'on s'ajoute, parfois avec raison, parfois du fait de la pression sociale qui nous pousse à rentrer dans un moule défini par d'autres.

Plus que jamais, l'humain du XXIe siècle montre un intérêt pour une vie plus autonome et indépendante, une vie à plus petite échelle. La vie en van, qu'elle soit de sept jours, sept mois ou sept ans, est l'un de ces contre-modèles qui sait séduire par sa simplicité.

Et au risque de démonter l'argument qui sous-tend la nécessité de ce livre, le principe est simple et peut se résumer ainsi : « Achète un fourgon dans lequel il est possible de dormir, et va ! »

La première moitié de cet ouvrage se concentrait sur mon expérience et les enseignements généraux que ma vie en van m'a fait découvrir sur la société et sur moi-même. Voici un autre document, plus concret celui-ci, qui explique ce qu'est la vie en van, et comment se lancer.

Dans les prochains chapitres, le lecteur sera confronté aux détails, aux « vraies affaires » et à des questions telles que : la vie en van est-elle faite pour moi ? Est-il légal de vivre dans son véhicule ? Comment devenir nomade ? Quel type de van choisir, que faire avant d'acheter son véhicule-maison ? Où dormir ? Comment gagner sa vie quand on vit dans son camion ? Comment garder une bonne hygiène ? Comment se chauffer ? Et, pour finir, un chapitre sera dédié aux témoignages de plusieurs personnes qui vivent dans leur véhicule, et à qui j'ai demandé de me parler de leur expérience. Car s'il y a un point positif aux réseaux sociaux aujourd'hui, malgré leurs conséquences néfastes si nombreuses, c'est la possibilité de s'inspirer des autres pour créer son propre projet.

Plusieurs étapes mènent à la vie en van et nous pourrions les simplifier ainsi.

Première étape : réaliser ce qui ne va pas. Car partir en van sans vraiment dresser la liste des choses dérangeantes de notre vie équivaut à fuir un problème qui reviendra nous hanter tôt ou tard. Je conseille non pas d'essayer de régler ces problèmes (qu'ils soient personnels ou interpersonnels), mais d'en faire une liste, afin de mettre plus facilement le doigt sur les points auxquels il faudra revenir, et ce dont on peut s'occuper tout de suite.

Deuxième étape : préparer son projet. D'où viendront les finances, quel est le plan général de ce changement de vie, où irai-je, que ferai-je ? Faut-il que j'intègre la vie en van progressivement dans ma vie, ou suis-je prêt à tout quitter d'un coup ? J'estime que le coup de tête est une fausse bonne idée, et lui préfère la notion de projet pensé, même si parfois, sauter dans le vide peut être nécessaire. Vivre en van nécessite une certaine préparation en amont.

Troisième étape : rechercher un véhicule. Quel type de véhicule me convient ? (Ce sera le thème d'un chapitre au complet.) Combien suis-je prêt à investir dans mon véhicule ? Dois-je convertir mon véhicule moi-même pour y habiter, ou devrais-je trouver un fourgon déjà converti ?

Quatrième étape : passer à l'acte. Après avoir décidé quel type de véhicule me satisferait, me voilà face à ce moment clé : trouver mon char. D'abord, il y a les visites et essais de différentes voitures. Peut-être que ce sera l'amour au premier coup d'œil, peut-être qu'il faudra patienter plusieurs semaines avant de trouver la perle rare, d'autant qu'il faut vérifier la mécanique et l'état général du véhicule – rappelez-vous que c'est pour y vivre.

La cinquième étape, enfin : la vie en van. La partie la plus difficile et à la fois celle qui nous amènera là où elle nous amènera. Je dis toujours que la vie en van n'est pas une fin en soi, car elle n'est qu'un moyen parmi d'autres d'essayer, de découvrir, d'explorer, de s'explorer, de trouver qui l'on est, de définir ce qui est important pour soi. La vie en van est une porte ouverte sur une certaine vérité. Elle est à la fois tout, et à la fois peu, car la liberté ne sert à rien si on ne sait pas quoi en faire.

Et, pour conclure ce premier chapitre de notre partie pratique, tant pour ceux qui savent que la vie en van est une réponse à leurs envies que pour ceux qui se demandent ce que vivre en van veut dire, voici dix raisons, qui résument pourquoi la vie en van est à essayer, et comment elle a changé ma vie.

10. La vie en van permet de diminuer ses dépenses

L'une des raisons principales pour lesquelles j'ai déménagé dans un van est que je n'étais financièrement pas capable de vivre simplement, voyager, et payer mon loyer en même temps. Il fallait donc faire un choix, qui finalement fut facile à prendre. Certes, la vie en van implique des dépenses comme l'immatriculation, les assurances, le carburant... Mais ces dépenses sont des frais que l'on aurait de toute façon avec un véhicule et/ou une habitation, qu'on vive en van ou non. Se délester de factures multiples et d'un loyer ou d'une hypothèque est le premier pas vers la liberté de mouvement à laquelle tous les addicts de voyage et de vie minimaliste aspirent.

9. La vie en van permet d'avoir un chez-soi partout

Imaginez un monde dans lequel vous seriez propriétaire d'une petite maison secondaire où que vous vous trouviez (et où que vous vouliez), ou presque, sur le globe ? En face de la plage, qu'elle soit sur l'Atlantique, la Méditerranée, ou au bord du Pacifique, dans les bois, au pied des montagnes, en Gaspésie avec vue sur le fleuve Saint-Laurent ou au milieu du pays Basque… Tentant, n'est-ce pas ? Le défaut principal, lorsqu'on a un chalet ou une maison secondaire (en plus d'une hypothèque) est que, malgré la beauté des lieux, cette propriété peut devenir source de stress et d'ennui, et forcer ses propriétaires à y revenir toutes les vacances au lieu d'explorer de nouvelles contrées. Avoir un véhicule permettant de s'installer et d'être confortable sans la contrainte de devoir y rester, c'est l'une des meilleures raisons d'envisager la vie et le voyage en van.

8. La vie en van permet de confronter l'inconfort

Parlant de confort, la découverte qui m'a probablement le plus frappé est la façon dont vivre dans un camion aménagé permet de redéfinir notre notion du confort. Nous sommes trop habitués à tout avoir facilement à portée de main, ce qui ne nous encourage pas à apprécier les petites choses et contribue au sentiment d'insatisfaction permanente très fréquent parmi les générations actuelles. Devoir s'ajuster à la vie en van et tirer un plaisir inouï de choses primaires, comme prendre une douche, trouver de l'eau, chercher un endroit où passer la nuit… nous fait prendre conscience de tout ce que l'on prend pour acquis dans notre société.

7. La vie en van fait prendre conscience de sa consommation

Que ce soit avec l'électricité, l'eau, les hydrocarbures, ou encore les déchets, la vie en van est un fabuleux exercice pour apprendre à consommer juste ce dont on a besoin. Devoir se penser un système solaire électrique, et adapter sa consommation au nombre de Watts dont on dispose, à sa batterie, à son convertisseur d'énergie, adapter sa consommation d'eau à la quantité qu'on a stockée... donnent à celui ou celle qui vit en van des connaissances techniques et manuelles, mais aussi et surtout la satisfaction ultime de pouvoir se contenter du nécessaire.

6. La vie en van donne moins de tâches ménagères

Vivre dans un petit espace permet de limiter tout le nettoyage qu'on a normalement à faire dans un appartement ou une maison traditionnelle. En lavant un peu après chaque utilisation, en remettant à sa place chaque objet après qu'on l'a utilisé, et en balayant une fois de temps en temps le sol, on se retrouve avec presque AUCUNE tâche ménagère à accomplir et beaucoup de temps libéré de ce qui peut devenir une corvée lorsqu'on a une maison.

5. La vie en van, c'est pouvoir bouger avec les saisons

Certains n'aiment pas l'hiver, certains haïssent les canicules. Une habitation mobile permet de fuir les saisons que l'on redoute et de suivre le soleil au gré des températures et des paysages.

4. La vie en van redéfinit le travail

Déménager dans un fourgon, c'est aussi redéfinir sa conception du travail et de l'argent. Cette dernière est d'ailleurs l'une des peurs principales parmi ceux qui hésitent à se lancer. « Comment gagner ma vie en vivant sur la route ? » est une de ces questions que l'on m'adresse quotidiennement. Certains ont une facilité à se débrouiller ou ont développé une occupation de travailleur autonome leur permettant de travailler sur la route. Mais pour la majorité, il est difficile d'imaginer comment gagner sa vie sans aller s'asseoir derrière un bureau et attendre son chèque de paie. Je faisais partie de ces gens avant ma vie en van, et changer ma façon de vivre m'a forcé à modifier ma façon de concevoir le travail.

Toujours plus d'études lient le malaise actuel, le surmenage et certains types de dépressions à la manière dont les gens se sentent à leur travail. Sans aller jusqu'à dire que la vie en van est le meilleur antidépresseur (car elle ne l'est pas et engendre parfois d'autres questionnements existentiels), vivre dans son camion permet d'apprendre à travailler intelligemment : travailler pour vivre, et non vivre pour travailler.

3. La vie en van est une porte ouverte sur la nature

Si on associe l'avantage d'avoir une chambre partout à celui de travailler intelligemment, on arrive à ce que beaucoup de voyageurs en van (on utilise parfois le terme « *vanlifer* ») vivent : une reconnexion avec la nature. Randonnée, kayak, surf, vélo, escalade… La vie en van, c'est aussi être proche de tant d'activités de plein air qui aèrent l'esprit et le corps, et ces sources d'énergies vitales sont parfois tout ce dont on a besoin.

2. La vie en van génère les meilleurs sommeils

Je n'aurais pas cru pouvoir dire un jour que mes meilleures nuits, je les passerais dans un véhicule, sans même un oreiller, et sur un matelas en mousse vieux de vingt ans. Mais le fait d'avoir comme sommier des pneus permet au corps un sommeil sans mouvements brusques, comme un hamac motorisé. En plus, le fait d'être proche du sol permet d'autant mieux de dormir sur ses deux oreilles que l'on est moins gêné par les nuisances sonores et tous les bruits qui montent.

1. La vie en van permet de découvrir et de se découvrir

Pour résumer les neufs derniers points, la vie en van est finalement un moyen extrêmement accessible de découvrir plusieurs horizons, qu'ils soient dans la région d'où l'on vient ou dans des contrées lointaines… Il n'y a pas de « petites » escapades, il y a seulement des voyages. Cette vie permet également de se découvrir, de se connaître, et ainsi de vivre mieux, avec soi-même et avec les autres.

2

Avant la vie nomade

Pour qui la vie en van est-elle faite ? Comment la commencer ?

La vie en van est bien plus qu'une simple tendance pour la simple et bonne raison qu'elle est un moyen très accessible de vivre simplement tout en cultivant une certaine liberté. Pour certains, c'est une manière de vivre de façon économique en éliminant tous les coûts liés à une vie sédentaire, comme factures et loyer (d'ailleurs, depuis la crise financière de 2008, de plus en plus d'Américains ont été amenés à devoir vivre dans leur voiture pendant une courte ou moyenne durée). Pour les moins nécessiteux, la vie en van est un moyen d'accéder à un voyage que je qualifie de « préhensible », de voir du pays de manière économique et de s'affranchir d'une grande partie des frais habituels d'un voyage. Disposant d'un vrai petit chalet mobile, certains resteront au même endroit pendant de longues périodes, d'autres exploreront beaucoup de pays au cours de plusieurs mois.

Lorsque j'ai commencé ma vie en van, j'ignorais où cette vie me mènerait. J'ignorais que je serais amené à redéfinir ma vision du travail, des choses qui me sont importantes, et plus généralement de mon existence. À la base, comme plusieurs jeunes et moins jeunes en quête existentielle, j'ai quitté le moule d'une vie normale et bien rangée que j'avais adoptée mais qui n'était pas la mienne, pour voir ailleurs. Et cela m'a amené à découvrir les horizons qui aujourd'hui me définissent. Sans ma vie en van, je n'en serais pas arrivé là. Et même si nous pensons parfois avoir une idée exacte de ce que nous attendons de notre avenir, je crois qu'il est indispensable de toujours garder en soi l'acceptation de l'inconnu. Cette ouverture peut nous amener en des lieux et provoquer des événements qui changeront notre vie.

La vie en van étant adoptée par de plus en plus de monde, il est difficile de présenter le profil parfait du voyageur en van. À travers mes années sur les routes, j'ai réalisé que je ne pouvais pas dresser un profil type du voyageur en van, et c'est justement cela qui démontre à quel point cette vie (qu'elle dure quelques mois ou plusieurs années) est une réponse à beaucoup. Peut-être vous reconnaitrez-vous dans les exemples suivants (le dernier chapitre de ce livre présente également les témoignages de différentes personnes qui ont adopté une vie nomade).

Les voyageurs en van sont jeunes et moins jeunes, célibataires ou en couple, ils ont un diplôme d'études supérieures ou pas, et, pour certains, une expérience professionnelle non satisfaisante qui les a poussés à adopter la vie en van afin de voyager. Il y a les retraités, mais aussi les travailleurs saisonniers qui profitent de leurs temps morts pour se rendre de contrat à contrat.

Nous le retrouverons dans le chapitre consacré aux différentes façons de subvenir à ses besoins, mais d'autres personnes vivent en van car leur métier leur permet de travailler tant qu'ils ont une connexion Internet, à l'instar des autoentrepreneurs, pigistes, etc. (on peut utiliser ici le terme très surfait « *digital nomads* », communément utilisé aujourd'hui). Ces types d'emploi sont de plus en plus répandus et peuvent parfois même être négociés avec un employeur. Comme nous en avons longuement parlé dans la première partie de ce livre, l'ancien modèle du travail à temps plein en bureau n'a plus beaucoup de sens et est de plus en plus rejeté, et j'admire beaucoup les compagnies qui innovent dans ces opportunités données à leurs employés.

Quand on se sent appelé à une vie nomade, la première réaction est de ne pas vraiment savoir par où commencer. Voici un petit questionnaire qui pourrait aider. Cela dit, il faut garder la chose suivante en tête : la plupart des aspects de la vie nomade s'apprennent sur le terrain car l'humain volontaire s'adaptera naturellement à tout nouvel environnement. Le fait qu'il faille cultiver son instinct est une idée qui reviendra de nombreuses fois au cours des prochains chapitres parce que c'est l'une de valeurs premières de la vie en van.

Suis-je prêt à vivre seul ou à partager un petit espace avec mon/ma partenaire ?

La solitude est une peur dont certains ont du mal à se détacher, car il est très confortable de s'entourer de monde et de bruit constamment. Cela dit, ce bruit n'est parfois que le cache-misère de nos aspirations, et il est important de garder un bon équilibre entre une vie sociale et des moments plus calmes avec soi-même. Je parle ici d'une solitude choisie qu'il est important de cultiver, tout comme la curiosité de s'ouvrir à des nouvelles rencontres. La vie en van nous pousse à aborder ces questions car malgré le rêve de liberté qu'elle vend, c'est une vie plutôt précaire qui fera ressortir toutes nos insécurités non réglées. Passer trop de temps avec soi-même ou avec un partenaire dans un petit espace est un réel test, d'où l'importance de se connaître et de trouver routines personnelles et différentes manières de s'accorder de l'espace.

Suis-je confortable à l'idée de ne pas être propre tout le temps ?

La question de l'hygiène sera abordée en détail dans un chapitre entier, mais il faut garder à l'esprit que la vie en van n'est pas toujours une partie de plaisir, surtout si on la compare avec une vie sédentaire. Encore une fois, on s'y adapte vite et on est amené à redéfinir l'obsession de notre société avec la propreté. Notons toutefois tout de suite que vivre en van nous amène souvent dans la nature, où on est moins exposé à la pollution qui nous rend sale. De plus, il existe une myriade de moyens pour rester propre. Ce n'est pas parce qu'on vit dans son camion qu'on doit sentir sa propre odeur !

Suis-je confortable à l'idée de ne pas toujours être… confortable ?

Je reste persuadé que nous sommes tous capables d'adapter notre niveau de confort pour réaliser les choses réellement *confortables* qui comptent dans notre vie. Cela dit, ce n'est pas quelque chose que tout le monde peut désirer, et une vie de confort satisfait parfois plus qu'une vie de vérité. La vie en van est un vrai test, car en se confrontant à un certain inconfort et en ayant des problèmes concrets à résoudre, on peut découvrir de quoi l'on est fait, ce qui engendre de réels questionnements. Mais régler ces problèmes peut amener la récompense ultime : celle de savoir ce que l'on est vraiment.

« Je ne vais pas arriver à m'occuper de toutes les choses »

On peut parfois se sentir démobilisé par la montagne de choses à faire pour changer de vie. Il faut garder à l'esprit qu'il n'existe pas de chemin prétracé, et que le chemin pour arriver là où l'on veut est tout aussi important que le but lui-même. Sans oublier qu'il est bon de parfois simplement arrêter d'écouter son cerveau prendre des décisions pour nous et de ne pas s'identifier avec ses peurs, le jugement des autres, les faux conseils et les critiques. Regarder les projets des autres est intéressant mais, surtout sur les réseaux sociaux, gardez à l'esprit de ne jamais vous comparer ou d'envier ce que les autres font ou ont. Observez seulement pour vous faire une idée de votre propre projet. Ce n'est qu'en adoptant une attitude de « faiseur » que l'on s'affranchira de ces petites considérations, qui sont toutefois normales : car si accéder à une nouvelle vie pleine était facile, tout le monde le ferait…

Comment devenir nomade ?

Une fois les questions précédentes à peu près réglées, il faut maintenant regarder tout ce qui nous sépare du passage à l'acte, et en premier lieu, préparer sa sortie d'une vie sédentaire vers une vie plus nomade.

Certains privilégieront un plan d'action. Dans mon cas, j'ai préparé ma sortie de l'emploi vers une occupation en *free-lance*, tout en conservant d'autres options ouvertes. Ensuite, je me suis occupé des questions d'intendance liées au fait que je quittais mon habitation : régler les histoires d'adresse, d'assurances, d'impôts, etc.

Vint alors le moment de décider quelles destinations me convenaient le plus. L'hiver, prendre la direction du soleil ? Suivre les travaux saisonniers ? Ou justement, aller à l'inverse des saisons pour profiter des lieux touristiques sans trop de foule ? Comme vous le savez maintenant, je crois qu'écrire permet de résoudre beaucoup de problèmes et j'ai donc tracé un tableau à trois colonnes. La colonne A incluait les choses de première importance, les aspects vitaux qui nécessitaient mon attention directe, et que je pouvais facilement régler. La colonne B était une liste des choses importantes à avoir ou à garder à l'esprit avant mon départ. Et la colonne C regroupait toutes les choses que je pourrai faire sur la route au fur et à mesure de ma vie en van.

Lorsque tout se trouve devant nous, que tout est à faire, le plus dur est de compartimenter et de ne pas procrastiner, car on aura tendance à vouloir tout commencer… sauf les choses prioritaires. Comme si notre esprit repoussait inconsciemment ce qui nous rapproche d'un changement de vie. D'où l'importance des listes.

Pour revenir à la question du travail, je suis un adepte du dicton *Don't work hard, work smart* (Ne pas travailler fort, mais travailler intelligemment). Travailler fort ne veut rien dire car on peut travailler très fort pour quelque chose sans que cela ait d'impact. Pour vivre en van et apprécier une vie nomade, on doit se demander ce qu'on attend du travail. Car même si certains pensent que les nomades sont de riches héritiers, la réalité est tout autre. De nombreuses techniques existent pour limiter le coût de la vie, mais il faut quand même un certain revenu pour pouvoir vivre. Et ce n'est pas parce qu'on est nomade qu'on ne peut pas travailler. La question de l'argent est d'ailleurs un obstacle (ou une raison) que beaucoup utilisent pour se convaincre qu'ils ne peuvent pas accomplir telle ou telle chose.

Voici quelques questions pour commencer : pourrais-je négocier avec mon employeur de travailler à distance à temps partiel ? Pourrais-je prendre une année sabbatique me laissant le temps de penser à une nouvelle occupation et de changer de carrière ? Y a-t-il une ou des occupations/formations que j'aimerais commencer et qui peuvent se faire en étant nomade ?

Quant à l'argent, des questions simples peuvent aider, telles que : combien ma vie actuelle me coûte ? Quelles coupes pourrais-je faire pour économiser ? À combien puis-je estimer le coût de ma vie sur la route ? De combien d'actifs disposé-je (incluant la vente des biens que je possède actuellement) ?

À mes yeux, se bâtir progressivement un revenu passif tout en consommant moins est la clé du succès. Car la vie en van, c'est aussi prendre le temps. Et il pourrait être contre-productif de se lancer dans une vie nomade en conservant en soi tout le stress occasionné par une vie sédentaire trop concentrée sur les gains matériels.

Faut-il vendre ses affaires ou payer un garde-meubles ? Quelle adresse postale garderai-je pour les affaires administratives ? Il n'y a pas une seule réponse à toutes ces questions, il n'existe que des solutions.

Dans mon cas, je dispose d'un petit garde-meuble (la dimension la plus petite offerte) où j'ai gardé certaines affaires (30 dollars par mois) et loue une boîte postale de domiciliation pour 10 dollars par mois. Selon les régions et les pays, différentes manières de faire existent, mais n'oubliez jamais que vos amis et votre famille peuvent vous donner un coup de pouce, que ce soit financièrement ou juste en vous permettant d'utiliser leur adresse postale. C'est parfois plus simple, même si on peut se sentir plus indépendant lorsqu'on s'occupe de tout soi-même.

Pour ce qui est de l'entourage, et pour finir sur le sujet, j'ai envie de donner le conseil de ne pas trop parler de votre projet autour de vous. Il peut être excitant de partager les changements qui s'opèrent dans votre vie, mais il y a aussi le risque de se faire décourager. Dans son entourage direct se trouveront nécessairement plusieurs personnes qui, par inquiétude, jalousie ou fermeture d'esprit essaieront (parfois inconsciemment) de vous dissuader et de surligner tous les défis et les dangers qui vous attendent. Dès qu'un petit mouton s'éloigne du troupeau, le troupeau, par instinct, essaie de ramener la brebis éloignée – et cette même brebis accepte bien souvent de se faire ramener. Choisir une vie nomade, aspirer à une vie à la fois simple et ouverte sur le monde est paradoxalement plutôt marginal pour la plupart, et certains n'auront de cesse de vous faire douter. Mais ce n'est qu'un défi de plus à relever, car la vie en van est aussi un moyen de faire changer les mentalités sur ce qu'est une vie « normale », pleine, et heureuse, et de faire douter ceux qui doutent.

Beaucoup évoqueront la notion de risque. Pour certains, ne prendre aucun risque est synonyme d'une vie réussie. Il est pourtant beaucoup plus risqué d'opter pour une vie sans risques que de cultiver la prise de certains risques bien pensés, qui nous feront constamment progresser dans notre relation à nous-même et aux autres.

3

Quel type d'habitation mobile choisir

VAN, CAMPING-CAR, FOURGON, AMÉNAGER SOI-MÊME… ?

Il existe tant de façon d'être nomade et tant de types de véhicules qu'on peut parfois se perdre dans l'amas de possibilités qui s'offrent à nous. Pour choisir ce qui nous servira de maison mobile, il faut en regarder beaucoup et se poser les bonnes questions, tout en acceptant qu'on ne va sans doute pas trouver du premier coup.

Voici quelques questions de base pour orienter vos choix :

- Quels sont mes besoins en termes d'espace, du nombre de personnes qui vivront, etc. ?
- Comment vais-je cuisiner/manger/réfrigérer ?
- Comment vais-je m'organiser pour l'hygiène ?
- Comment vais-je organiser mes besoins électriques ?
- Comment et où vais-je dormir ?
- Comment vais-je bouger ?

- Comment vais-je organiser mon espace de vie (intérieur du van) ?
- Quelles sont les réalités de mon environnement (besoins spéciaux, réalité des endroits où je compte vivre…) et où vais-je aller ?

Une fois ces questions vaguement résolues, on peut commencer à regarder ce qui est offert au nomade en devenir.

Voici 8 types de véhicules communément utilisés pour vivre sur la route, accompagnés de leurs avantages et inconvénients.

1. Voiture ordinaire

Nombreux sont ceux qui commencent leur vie en van… en voiture. Nous vivons dans une société où ce n'est pas ça qui manque. Abordable, à la fois discrète et à la consommation d'essence raisonnable, facile à stationner… Tant d'avantages qui font de ce véhicule le parfait compagnon de roadtrip occasionnel à court terme ou pour dépanner. Certains systèmes préconstruits existent même afin de convertir votre intérieur en lit.

Cela dit, difficile d'envisager une voiture de taille régulière pour être nomade au long terme. On ne le dit pas assez souvent : ce n'est pas parce qu'on vit en van qu'on doit être misérable. Vivre et voyager avec une voiture standard implique de vivre constamment en dehors de son véhicule même pour cuisiner des repas de camping, et offre peu d'intimité. Mais cela reste l'ultime minimalisme et une manière de commencer le nomadisme, même s'il est peu réaliste de penser qu'on peut vivre convenablement à long terme ainsi.

Coût : de 500 à 5 000 dollars[1].

2. Petit van utilitaire/van familial

Plus spacieux qu'une voiture standard, les véhicules du genre Kangoo en Europe ou Dodge Grand Caravan en Amérique du Nord peuvent devenir de réels compagnons de *vanlife*. Toujours discrets et très communs (donc faciles à trouver d'occasion, faciles à stationner et dont la hauteur n'empêche pas l'accès à certains parkings), on peut envisager de vivre à long terme avec ces véhicules et ils sont très peu coûteux, à la fois à acheter, et à convertir soi-même pour y vivre (plusieurs des personnes témoignant à la fin de ce livre ont ce type de véhicule). Cela dit, le manque d'espace et d'autonomie sont parmi les principaux désavantages de ce type de van qui demeure cependant excellent pour expérimenter la conversion d'un premier véhicule en camper aménagé sans trop d'investissement.

Coût : de 500 à 5 000 dollars.

3. Van type Combi/Westfalia Volkswagen

Ils sont un peu le symbole (surfait ?) de la vie en van grâce à la vague hippie des années 1960 et 1970. On associe souvent le Westfalia au van voyageur par excellence. Petit, compact, et stylisé, comment ne pas penser au Combi quand on pense vie en van ? Néanmoins, et ce malgré sa réputation, ce véhicule est parmi les

1. Un euro vaut environ 1,50 dollar canadien.

moins accessibles de cette liste et pas forcément idéal pour y vivre au long terme. D'abord, les prix d'achat sont le reflet de leur popularité et rendent ces véhicules peu abordables pour ceux dont les poches sont peu profondes. D'autre part, la mécanique parfois capricieuse de certains modèles, le manque de disponibilité et le coût des pièces détachées en font un objet de luxe, qui certes vend beaucoup de rêve et porte avec lui toute une idéologie de liberté ainsi qu'une belle communauté, mais n'est pas nécessairement idéal pour le voyageur basique avec peu de moyens.

Coût : de 5 000 à 35 000 dollars selon l'état et le modèle du véhicule.

4. Fourgon utilitaire moyen à grand à aménager soi-même

C'est le type de véhicule le plus communément utilisé aujourd'hui pour vivre en van. Spacieux et discrets, les fourgons de type Sprinter, Promaster, Ducato ou Transit (selon les marques) sont faciles à trouver sur le marché et offrent beaucoup de liberté pour la conversion en camper. Certains garderont le tout très minimaliste avec juste un lit, quelques espaces de rangement et une mini-cuisine. D'autres fabriqueront une réelle mini-maison autonome à faire pâlir les fabricants de camping-car. L'un de leurs rares désavantages est que l'historique d'usage et les problèmes mécaniques de certains véhicules sont difficiles à connaître – sans évoquer le temps et l'investissement que convertir un grand véhicule en fourgon aménagé peut prendre. Mais pour certains, convertir un véhicule fait partie intégrante de leur chemin vers la vie en van.

Le fourgon utilitaire à convertir est probablement le véhicule gagnant de cette liste car il mélange confort personnalisé et discrétion. Et puis, rien de tel que faire par soi-même quelque chose pour ensuite être en mesure de réparer par soi-même et de garder le contrôle sur ce qui peut éventuellement arrêter de fonctionner ou être amélioré.

Coût : de 5 000 à 25 000 dollars selon le modèle, l'année et le kilométrage du véhicule choisi.

5. Fourgon aménagé déjà converti

Pour ceux dont le but est de partir en van directement, ou qui ne se sentent pas une âme de bricoleur averti (cela dit, vous le deviendrez quoi qu'il arrive, car vivre dans son véhicule implique nécessairement de mettre la main à la pâte), plusieurs compagnies sont spécialisées dans la conversion de fourgons en véhicules déjà aménagés comme des camping-cars. L'intérieur et les finitions sont souvent très bien pensés et optimisés, tout comme les systèmes de réservoir et d'aménagement externe généreux. Certains préfèrent l'aspect discret de fourgons non convertis, mais l'avantage principal de ce type de véhicule récréatif est qu'il permet au voyageur impatient de gagner du temps sur son départ en n'ayant pas à s'occuper de toute la partie construction de son véhicule. On oublie que convertir son véhicule soi-même a aussi un coût, qu'il faut donc ajouter au prix initial du véhicule, et qui inclut l'achat des matériaux mais aussi le temps et la main-d'œuvre que l'on investit dans notre projet. Le fourgon déjà aménagé de type Classe B est à mes yeux le meilleur compromis pour une vie en van confortable et à long terme.

Coût : de 5 000 à 50 000 dollars selon l'année du véhicule choisi.

6. Boîte camper sur 4x4

Pour les aventuriers *off-road* constamment hors des routes principales et explorant des chemins et voies d'accès accidentées, ou faisant un tour du monde, la boîte camper est le parfait compagnon car c'est un réel camping-car tout-terrain. Cela dit, un fourgon, même avec deux roues motrices, vous amènera presque partout et les réservoirs et l'espace d'une boîte camper peuvent parfois être plus limités. De plus, une boîte camper implique un certain poids que devra supporter le châssis du véhicule d'accueil, et il est impossible de passer du siège conducteur à l'arrière du véhicule sans avoir à sortir. Cela dit, la possibilité d'accès à des endroits reculés et son aspect très compact en font un véhicule très alléchant.

Coût : de 1 500 à 20 000 dollars pour la boîte camper + coût du véhicule.

7. Camion style autobus ou ambulance

Que ce soit dans des films ou sur Internet (ou sur la route), on a tous déjà vu ces autobus scolaires jaunes convertis en maisons sur roues et qui font rêver beaucoup. Il existe plusieurs tailles et plusieurs années, donc les coûts à l'achat varieront, mais c'est surtout pour le projet que ce type de véhicule est beau à envisager.

Pour l'espace aussi, car ces bus convertis sont presque plus grands qu'un petit appartement, quand on y pense ! Les désavantages sont la consommation d'essence, le stationnement et l'accès tout terrain. Oui, c'est gros, et malgré le rêve que ce véhicule vend, il y a beaucoup d'éléments qui n'en font pas le véhicule le plus minimaliste ni le plus abordable (sans oublier la difficulté de parvenir à le faire assurer comme un véhicule récréatif converti). Cela dit, il est à mettre dans la catégorie des beaux projets, pour du long terme en famille ou pour un groupe d'amis, ou encore si l'on souhaite avoir une sorte de *tiny house* que l'on peut transporter et installer çà et là pour quelque temps.

Coût : de 3 000 à 15 000 dollars selon les modifications apportées.

8. Classe A et C (type camping-car) et roulotte/caravane

Les puristes refusent de les inclure dans ce qui a trait à la vie en van, mais beaucoup de nomades (en famille ou plus âgés) utilisent les camping-cars à temps plein pour vivre et voyager. Certains ressemblent à de réels chalets luxueux tout équipés, avec beaucoup d'espace. Leur prix peut être accessible (pour un vieux véhicule, au risque d'avoir une myriade de problèmes mécaniques) ou exorbitant (dans le cas d'un véhicule neuf), et en fonction des endroits où l'on voyage, ils peuvent ne pas être les bienvenus en termes de stationnement et d'accès. Il faut dire que leur taille ne rend pas ces véhicules passe-partout, ni particulièrement manœuvrables (surtout dans le cas d'une roulotte). En matière d'autonomie et d'énergie, ils sont en général gourmands, mais ils demeurent une manière simple d'accéder à une certaine liberté de mouvement pour des familles plus nombreuses qui souhaiteraient se lancer dans le nomadisme.

Coût : de 5 000 à 100 000 dollars selon les années et modèles.

ACHETER/VÉRIFIER LE VÉHICULE

De nombreux sites Internet permettent d'acheter un véhicule, et la vie en van est si populaire aujourd'hui que les types « fourgons » pullulent sur les sites de ventes de particulier à particulier. Pour éviter une mauvaise expérience, et même lorsque vous pensez avoir trouvé le véhicule de vos rêves, il est conseillé de prendre son temps : pas question de tomber dans le piège de l'achat impulsif qui peut engendrer beaucoup de stress et de mauvaises surprises.

Avant de visiter chaque véhicule, recherchez plus d'informations à propos de ce que vous allez voir, et sachez quoi regarder, car lorsqu'on visite et essaie une voiture, on aura tendance à ne se concentrer que sur les choses qui vont bien et cela nous empêchera de remarquer ce qui est brisé ou ne fonctionne pas. Avant de se décider, il est également fortement conseillé de voir plusieurs véhicules.

Visiter un véhicule, c' est un peu un entretien d'embauche à l'envers. Il faut savoir poser les bonnes questions avant même de voir ou d'essayer le véhicule. En demandant au vendeur le numéro d'identification d'un véhicule, on pourra déjà avoir accès à un bref historique avant même de le voir en personne.

Avant d'essayer le véhicule, de bonnes questions à poser au vendeur sont par exemple :

- Combien de propriétaires ce véhicule a-t-il eus, où et pour quels usages ?
- Quelle maintenance régulière faites-vous (changements d'huile, etc.) ?
- Quelles réparations ont été faites ? Y a-t-il certains problèmes à noter en particulier ?
- Quelle est la raison de la vente ?

Pendant la visite, ne lancez pas tout de suite le moteur pour aller faire un tour (il se peut que le vendeur ait fait chauffer le moteur avant que vous arriviez pour masquer un problème). Si le véhicule a déjà démarré lorsque vous arrivez, c'est très mauvais signe. À la place, inspectez visuellement l'automobile à froid (vous pouvez imprimer une liste d'inspection visuelle facilement trouvable sur Internet), ouvrez le capot, vérifiez les niveaux et l'état de la batterie (un multimètre est un bon investissement à faire pour tester la/les batterie[s], et dont vous vous servirez probablement plus tard pour votre système électrique par exemple). Inspectez maintenant l'intérieur du véhicule. Dans le cas d'un fourgon déjà aménagé, faites fonctionner la ventilation, la pompe, l'évier, et vérifiez s'il y a des fuites d'eau, si la cuisinière est opérationnelle, si les tiroirs ferment. Regardez (et sentez) près des fenêtres, dans les coins et au plafond pour vérifier la présence éventuelle de moisissure.

Ensuite, faites démarrer le véhicule, toujours dans le silence (essayez de ne pas engager une discussion trop amicale avec le vendeur, tout aussi sympathique qu'il soit, demeurez concentré sur vos vérifications), n'allumez la radio que pour vérifier son bon fonctionnement, laissez le moteur tourner une petite minute, vérifiez les voyants et demander la raison si certains restent allumés. Privilégiez un vendeur qui dira honnêtement qu'il y a telle ou telle chose à changer, plutôt qu'un qui reste évasif sur les réparations à faire. Partez pour un tour, dirigez-vous vers une autoroute et faites fonctionner tout ce que vous feriez fonctionner si c'était votre propre véhicule. Vingt bonnes minutes sur la route seront nécessaires. Essayez de toujours garder une discussion polie mais brève avec un vendeur trop bavard (moi-même ayant la jasette facile, c'est assez difficile pour moi !). Ce n'est qu'avec l'expérience qu'on arrive à reconnaître certains mauvais signes, mais apprenez à lire les sous-entendus du vendeur lorsque vous posez vos questions. S'il répond vaguement ou change de sujet, c'est qu'il y a matière à investiguer.

Une fois de retour, si le véhicule vous plaît, demandez au vendeur s'il serait d'accord pour que vous le fassiez vérifier par un mécanicien. C'est à mes yeux un passage obligé pour avoir l'esprit tranquille. Faire vérifier un véhicule ne coûte pas très cher, surtout lorsqu'on compare cela avec l'investissement que l'on se prépare à faire avec cet achat. Les vendeurs n'aiment pas trop lorsqu'on leur demande cela, mais il est avantageux pour les deux de connaître exactement l'état du véhicule et certains éléments dont même un vendeur honnête pourrait ne pas être au courant.

Si la vérification mécanique poussée ne met en lumière aucun élément inquiétant ou uniquement des réparations mineures à faire, vous pouvez faire une offre au vendeur. Si vous essayez de négocier, ayez un argumentaire de feu (au risque de bluffer un peu) qui explique le montant que vous offrez, et choisissez un prix raisonnable toujours en dessous de ce que vous êtes prêt à payer. Dans la plupart des cas, le vendeur vous fera une contre-offre, et vous pourrez ainsi jouer sur une cinquantaine de dollars pour finalement acquérir le véhicule.

Le conseil ultime serait de ne pas vous sentir obligé d'acheter le véhicule, même après toutes ces étapes. Suivez votre instinct et si quelque chose vous dit que ça ne va pas, ne vous embarquez pas dans une histoire que vous ne contrôlerez plus. Il vaut mieux se sentir mal d'avoir perdu du temps et fait perdre son temps à un vendeur que de se retrouver en panne quelques semaines plus tard, alors que votre aventure nomade vient juste de commencer.

Aussi, il se peut qu'un véhicule que vous souhaitez vraiment soit déjà vendu. Souvenez-vous qu'il y a beaucoup d'offre sur le marché et que la perle rare n'existe pas. On peut être vite découragé par la recherche d'un véhicule lorsqu'on commence sa vie nomade, mais soyez certain que vous trouverez. D'ailleurs, c'est souvent peu après un achat manqué qu'on trouvera le véhicule qui nous convient à la perfection, et avec lequel on embarquera pour sa nouvelle vie.

4

Où dormir ?

Trouver un endroit pour dormir est peut-être le stress numéro un d'une vie nomade. Avant de commencer ma vie en van, c'était ce qui me préoccupait le plus.

Même à ce jour, alors que beaucoup d'expériences et plusieurs années se sont écoulées, il m'arrive encore de passer plusieurs heures à penser à ma destination du soir, et rien n'est plus rassurant que de trouver l'endroit parfait pour quelques jours ou même juste une nuit, et d'avoir l'esprit tranquille. De la même manière, rien n'est plus angoissant que de ne pas être sûr que l'on peut rester là où l'on se trouve.

À toute situation sa méthode, et il n'y a pas une façon de faire. D'abord parce que toutes les régions, même à l'intérieur du même pays, sont différentes, et que l'on a tous une manière différente de concevoir ce qui nous convient comme endroit où dormir. Cela dit, quelles que soient les circonstances, je crois que les trois principes suivants sont toujours à respecter, et éviteront une bonne partie du stress :

1. avoir une idée le plus tôt possible de l'endroit où l'on restera le soir, afin d'éviter d'avoir à prendre une décision une fois la nuit tombée et que la fatigue arrive ;
2. toujours avoir un plan B au cas où l'endroit que l'on convoite serait inexistant, interdit ou inaccessible ;
3. ne jamais rester à un endroit où l'on n'est pas certain de pouvoir s'installer.

Reste que votre analyse des endroits où vous pouvez vous installer évoluera grandement avec le temps que vous passerez à vagabonder. En trois ans, j'ai progressivement acquis beaucoup d'expérience et d'instinct dans le domaine, si bien que je passe aujourd'hui beaucoup moins de temps à me demander si je peux rester à tel ou tel endroit. Parce qu'en vivant en van, on apprend très vite à reconnaître les signes d'un endroit où il est possible de faire du *boondocking* (du camping sauvage en van).

D'abord, couper la radio en arrivant vers le lieu convoité. Rouler lentement, regarder autour de soi, porter attention tout autour. La première chose à vérifier est la présence de panneaux d'interdictions de stationnement. Ensuite, y a-t-il des maisons directement à côté de mon endroit, des signes de propriété privée ? Et puis, quels dangers environnementaux puis-je repérer (« S'il pleut, neige ou vente, serai-je en sécurité ? »). En général, les parkings de parcs régionaux, les sentiers, les abords des cimetières et églises, les marinas dans des régions touristiques mais pas trop, sont des lieux où le dicton « ma maison est là où je la stationne » est applicable.

Mais cela ne veut pas dire qu'il n'existe pas des exceptions. J'écris par exemple ce chapitre quelques jours après avoir été gentiment viré à onze heures du soir par la police municipale dans le beau petit village de Cannon Beach sur la côte Pacifique en Oregon, alors que j'y avais passé plusieurs nuits sans problème. Le vanniste ou camping-cariste sait que dans des endroits touristiques, il court toujours ce risque de ne pas être le bienvenu (même si l'on contribue à l'économie locale en consommant local), et de tomber parfois sur des policiers trop zélés (ou ayant le temps de faire respecter des lois municipales à la lettre). La tendance de la vie en van étant en plein essor, de plus en plus d'endroits se dotent de lois spéciales (en anglais *bylaw*) pour réguler le stationnement de nuit, ou pire, rendre illégal le fait de dormir dans un véhicule.

D'ailleurs... est-il légal de dormir et vivre dans son véhicule ?

Techniquement, hormis les endroits où le stationnement est régulé et les propriétés privées sans autorisation du propriétaire, il est légal de stationner PARTOUT. Lisez bien « légal ». Car *légal* ne veut pas nécessairement dire *possible*. Prenez également en compte l'aspect de véhicule-maison. Un petit véhicule type fourgon utilitaire à l'apparence anodine passera beaucoup plus inaperçu qu'un fourgon aménagé avec fenêtres et couleurs brillantes.

Les lois anticamping-car ou antinomades sont surtout appliquées en haute saison dans des hauts lieux de tourisme. Ailleurs, mon expérience et celle de personnes vivant un peu partout dans le monde démontrent que les municipalités sont plus permissives sur la question. Il n'y a pas grand-chose que l'on puisse faire de toute façon, dès lors qu'une loi interdisant le stationnement de nuit est en place, hormis se rendre à un autre endroit.

Vivre dans son véhicule vous donne des droits mais aussi des responsabilités, car rappelez-vous, vous circulez en tout temps sur la voie publique. Alors, tout ce que vous feriez dans une maison normale, vous pouvez le faire dans votre van. Faire de la couture, faire de la cuisine, lire, jouer de la musique (pas trop fort quand même), ne rien faire… À quelques exceptions. D'abord, l'alcool. Peut-on boire à l'intérieur de son van ? Quand on est stationné en ville, mon conseil est de simplement ne pas boire. Il y a très peu de chances que la police vous contrôle, mais un mauvais concours de circonstances peut amener bien des déboires. Souvent, les lois sur l'alcool au volant indiquent qu'on peut « avoir bu » et être dans son véhicule tant qu'on n'est pas en possession de ses clés (encore une fois, chaque région du monde a ses spécificités). Une bonne règle à suivre pour les consommateurs d'alcool est d'attendre de se trouver dans un campement plus sauvage et éloigné de la voie publique pour sortir les bouteilles. De la même manière, on oublie que des lois sur l'exhibitionnisme existent, et peuvent s'appliquer au nomade dans son van. Surtout, lorsque vous vous changez ou vous douchez, assurez-vous toujours que le véhicule est calfeutré ou que personne ne vous voit. Encore une fois, un mauvais concours de circonstances et il pourrait être difficile d'expliquer clairement votre situation au voisinage ou policier lambda.

Parlant de police, elle peut être un problème parfois. Certains policiers qui s'ennuient ou vous ont repéré peuvent vous causer des ennuis même lorsque vous êtes dans vos droits. Rappelez-vous que l'honnêteté et la patience viennent à bout de tous ceux qui ont des intentions troubles à votre égard. Ne pas cacher qu'on vit dans son véhicule, montrer que l'on connaît ses droits et que si problème il y a, on est disposé à bouger. Sans domicile fixe, on entre dans la case des personnes itinérantes, et il ne faut pas oublier que les policiers ont également la tâche de faire en sorte que les citoyens soient en sécurité. Lorsqu'une personne est en apparente situation de précarité, c'est parfois au policier d'intervenir ou de contacter des gens pour assister cette personne, même si les autorités ont la plupart du temps bien d'autres chats à fouetter.

Quant à la sécurité en tant que telle (nous reviendrons sur le sujet), les fêtards qui passent par là sont ceux qui peuvent faire le plus de dommages, l'effet de groupe aidant et les petits criminels qui voudraient voler sont à garder à l'œil, mais en général, si vous êtes dans votre véhicule, il n'est pas dans l'intérêt des voleurs de vous agresser.

Preuve que le problème ne vient pas toujours des étrangers, il y a deux étés – voilà que je parle comme les anciens –, je me suis senti en danger. La situation avait été provoquée par quelqu'un qui avait été amené par des connaissances dans mon propre cercle d'amis. Quelqu'un que j'avais pourtant rencontré, mais qui se révéla agressif au milieu de la nuit (pour on ne sait quelle raison) et menaça tout le monde, y compris mon van, moi et ma petite amie de l'époque. Il faut se rappeler que le danger vient souvent de personnes plus proches que l'on ne s'y attend.

Pour se sentir en sécurité, on peut toujours avoir avec soi un couteau de camping, une bombe lacrymogène, un pistolet électrique type Taser (pensez à vérifier qu'il est légal de posséder ces accessoires-là où vous escomptez voyager) ou tout autre appareil de défense. Je reviendrai sur le sujet dans le chapitre sur la sécurité en van, mais même si avoir une arme sous l'oreiller est rassurant, la probabilité pour que vous l'utilisiez est faible. La défense la plus efficace reste de prendre ses précautions intelligemment, de suivre son instinct, de réfléchir aux endroits où l'on se rend et où l'on stationne. Parfois, lorsqu'on est fatigué, notre instinct peut être affaibli par le besoin de repos. Le mieux est de prévenir cela en arrivant tôt et de jour aux endroits où l'on envisage de se poser. De plus, avec un van, il est toujours possible de simplement décamper ! C'est la souvent la meilleure solution.

Pour revenir sur le sujet des règlements locaux interdisant les vans, certaines municipalités sont de plus en plus strictes. Les villes de Victoria et Tofino sur l'île de Vancouver en Colombie-Britannique, et Tadoussac au Québec sont des exemples notables (et quelque peu aberrants) d'endroits où dormir dans son véhicule est passible d'amendes pouvant aller au-delà de 300 dollars. À Victoria, la crise immobilière et le boom des loyers ont poussé beaucoup de résidents précaires hors de chez eux et la réponse de la mairesse (pourtant élue grâce à un programme de gauche et à son apparent soutien à la justice et à l'égalité sociale, mais qui se matérialisa seulement par quelques pistes cyclables peinturlurées aux couleurs de l'arc-en-ciel) a été de mener un combat contre le stationnement nocturne (tout en se félicitant du fait que le coût moyen d'une maison dépasse un million de dollars sur sa municipalité). De façon similaire, les localités très touristiques de Tofino, paradis du surf sur la Côte-Ouest canadienne, et Tadoussac, sur la Côte-Nord au Québec, paradis de l'observation des baleines, ont récemment plié sous la pression des nombreux campings payants qui voient le camping sauvage comme une menace à leurs profits, alors que ces mêmes campings sont souvent pleins toute la haute saison et de toute façon hors de prix.

Une nouvelle fois, la meilleure façon de réagir pour les amateurs de camping sauvage est de comprendre ces règles, qu'elles soient justifiées ou non, et de passer leur chemin. Un endroit parfait qui devient interdit permet souvent de découvrir d'autres endroits encore plus parfaits. Et puis… qui a dit que la vie en van était toujours une partie de plaisir ? Il faut mériter ses petits paradis !

Beaucoup d'applications sur Internet existent, qui permettent aux voyageurs de localiser et de partager entre eux les endroits où ils ont pu rester. C'est un moyen simple de commencer le camping sauvage et aussi un petit plaisir que de partager ses trouvailles. Le point négatif est que vous ne serez pas les seuls à découvrir ces endroits, et qu'en rendant publique leur existence, on ouvre la porte aux abus de la part d'êtres humains moins responsables que la moyenne, ce qui peut contribuer à transformer des lieux fantastiques en lieux interdits.

Quelques règles de bases du camping sauvage, qu'il soit urbain ou en nature, s'appliquent afin de conserver et de préserver ces endroits publics et accessibles à tous. Pour commencer, appliquer les sept principes du programme *Leave No Trace* va de soi :

1. planifier son séjour en fonction des règlements en vigueur ;
2. se déplacer et camper sur des sites et pistes déjà existants ;
3. rapporter les déchets que l'on crée sur place et les évacuer aux endroits appropriés ;
4. ne pas altérer l'environnement en collectant ou modifiant l'écosystème où l'on se trouve ;
5. minimiser les conséquences d'un feu de camp en se limitant à des feux de petite taille et bien protégés ;
6. respecter la faune et la flore, ne pas s'approcher des animaux, les nourrir ou les déranger par simple envie, être au courant de la faune locale ;
7. respecter les autres utilisateurs des lieux ainsi que les endroits partagés par tout le monde.

Ces principes demeurent une ligne directrice et sont seulement un guide général à suivre, car il est certain que chacune de ces règles donne lieu à beaucoup d'interprétations. Une amie dont l'expérience en camping sauvage avec tente est bien supérieure à la mienne se pose la question suivante avant de faire quelque chose qui pourrait avoir un impact : « Est-ce que mon impact reste minime ? Si tout le monde était amené à faire la même chose que moi à cet endroit, que se passerait-il ? » Se demander si l'environnement serait modifié si le plus grand nombre s'adonnait au même comportement que nous est une bonne manière d'opérer afin de prendre des décisions sensées tout en respectant l'environnement, à la fois pour les autres utilisateurs de ce lieu, mais aussi pour le lieu lui-même.

On pensera aussi à utiliser des produits biodégradables, à déverser ses eaux usées (même avec produit biodégradable) à au moins cinquante mètres d'une source d'eau, à rapporter tous ses déchets – et à ramasser ceux qu'on aura trouvés… Autant d'actions et de comportements que l'on devrait enseigner à l'école afin que ces gestes n'aient pas besoin d'être pensés mais soient presque instinctifs et sans arrière-pensée, menant ainsi à une réelle prise de conscience : que, même de passage, nous faisons partie de notre environnement, et que le respecter, c'est se respecter nous-mêmes.

On peut classer en deux catégories les endroits où passer ses nuits en van : dans la nature et en milieu urbain. Chacune nécessite de s'adapter différemment.

Dans la nature

Les endroits naturels pour dormir en van incluent : les aires forestières, les bords de sentiers, les parcs naturels, les bords de mer, les champs, les lacs, les montagnes… On peut faire une analogie entre le camping sauvage et la cueillette de champignons : difficile de connaître des bons coins quand on n'est pas local. Même si l'on peut appliquer certaines techniques pour repérer un bon coin où camper, il ne faut pas non plus oublier le principal : demander aux locaux. Les trois quarts du temps, demander permettra de découvrir des endroits que vous n'auriez pas considérés, rendra parfois possible de camper sur une terre sauvage privée, et d'autre part vous fera faire de belles rencontres. Voilà l'un des avantages de la vie en van : être un voyageur de l'intérieur qui s'intègre aux endroits où il va, presque comme s'il était un local.

La situation est différente à certains endroits, particulièrement en Europe où le territoire est très aménagé, mais dans le cas de l'Amérique du Nord, peu de gens savent que le continent est rempli de terres immenses, appelées « terres publiques » (ou « terres de la Couronne » au Canada), qui appartiennent aux citoyens. Littéralement à tous les citoyens du monde entier. Comme leur nom l'indique, ces endroits sont publics, gratuits et la propriété de tous. Il suffit de les connaître et de trouver un moyen d'y accéder (en général dans la limite d'un séjour continu de vingt et un jours au même endroit).

Ici, pas de chemin balisé, pas de camping à réserver ou de toilettes aménagées. Les adeptes du vrai camping sauvage, randonneurs, amateurs de canoë-kayak, chasseurs et pêcheurs raffolent de ces endroits dont la découverte est un processus long et fastidieux, mais qui apporte en récompense un bout de pays que peu ont exploré.

Parfois, la peur d'être bloqué avec la FloMobile au milieu de nulle part, sans réception cellulaire, me rappelle que la nature n'est pas nécessairement un chemin de randonnée prétracé dans un parc aménagé où l'on paye son entrée. Peu d'endroits au monde vous donneront de vous confronter à ces sentiments, à mi-chemin entre inquiétude et béatitude. C'est d'ailleurs pour cela qu'au Canada comme aux États-Unis, la possibilité de découvrir des endroits fabuleux et d'y camper, gratuitement et sans aucun vis-à-vis, se doit d'être célébrée, encouragée, partagée, mais surtout respectée.

Aux États-Unis, les terres publiques sont mieux aménagées qu'au Canada. En général, les appellations « BLM Land », « National Forest », « Dispersed camping » indiquent que vous êtes au bon endroit. Certains lieux sont même aménagés, avec des toilettes sèches et des panneaux d'information sur les randonnées du coin. Au Canada, il faut chercher un peu plus, mais le principe est le même. Un quart du territoire américain et près de 90 % du territoire canadien sont des terres publiques accessibles à tous (même si beaucoup de ces endroits sont inaccessibles en véhicule régulier), soit protégées de toute exploitation, soit à usage public. Pouvoir vivre des moments à de tels endroits uniques est une des raisons principales (si ce n'est la raison d'être) de ma vie en van.

En milieu urbain

Lorsque je me trouve en transition d'une région à une autre ou encore qu'un contrat gagne-pain s'impose, je me retrouve parfois dans de grandes et moyennes villes et deux possibilités s'offrent à moi pour dormir : certaines aires de stationnement public (parkings municipaux, centres commerciaux) et rues résidentielles.

Pour un bref passage entre deux destinations, certains centres commerciaux – surtout les Walmart en Amérique du Nord, bien qu'il faille toujours vérifier si c'est le cas ou non – tolèrent les vans et véhicules récréatifs le temps d'une nuit ou deux. Si certains géants de la grande distribution sont si permissifs, c'est que beaucoup parmi les gens en transit iront faire leurs courses dans ce même centre commercial. Un échange de bons procédés, donc. (La légende veut que l'un des héritiers Walmart ait été grand amateur de voyage en camping-car et voulut contribuer à la communauté des camping-caristes en appliquant une politique permissive en matière de stationnement de nuit.)

Moi-même, malgré ma volonté de ne pas contribuer à certains systèmes causant beaucoup de tort à la façon dont nous consommons et surtout produisons notre nourriture (mais c'est un autre sujet), j'y achète mon huile de moteur, parfois mes bidons d'eau et y fais d'autres « grosses » commissions – d'ailleurs, l'idée de publier un ouvrage intitulé *L'Art de chi*r en ville* m'a un temps taraudé l'esprit, référence au fameux livre *Comment chi*r dans les bois* de Kathleen Meyer.

Plus sérieusement, l'avantage de ces grands parkings est que le voyageur aura quand même beaucoup d'intimité et la plupart des nuits seront tranquilles. Ces endroits sont souvent mon plan de secours quand je n'ai aucune idée de l'endroit où passer une nuit rapide quelque part.

Sinon, la taille de mon van me permet de stationner dans la plupart de milieux plus urbanisés, idéalement le long des parcs. Mieux qu'un appartement en ville, et sans vis-à-vis, vivre en ville en van peut donner une perspective très intéressante si on doit s'y rendre même pour visiter, et est une manière économique de se loger (certaines personnes vivent leur vie en van quasiment à 100 % en milieu urbain d'ailleurs).

La différence avec les autres endroits que nous avons évoqués est qu'en ville, on se doit d'être un peu plus discret. Même si le regard des autres est un élément sur lequel la vie en van fait travailler et qu'il n'a que l'importance qu'on veut bien lui donner, afin de ne pas s'attirer trop de mauvaise curiosité, il est bon de se montrer discret sur la voie publique. Encore une fois, le niveau de discrétion à avoir dépend de beaucoup d'éléments, en particulier de l'endroit où l'on se trouve, et certaines pratiques permettent une vie en van urbaine en toute sécurité. Par exemple, certaines personnes ne peuvent dormir qu'avec des bouchons d'oreilles et des cache-yeux, mais en ville, je conseillerais aux personnes dont le sommeil est léger de garder leurs oreilles ouvertes. On s'habitue aussi bien au silence qu'à n'importe quel bruit de fond, et lorsqu'on vit en van, il est avantageux de garder ses sens alertes.

Cela dit, si vous avez choisi votre endroit où rester avec soin, tout devrait bien aller. Au pire, rappelez-vous que lorsque quelque chose ne va pas, vous pouvez toujours partir. Nous aborderons les questions de sécurité plus en détail, mais lorsque je vais dormir, que ce soit en ville ou non, je garde toujours le van prêt à partir : je laisse le siège conducteur vide, et je ne laisse rien de trop étalé. Mon téléphone portable n'est jamais loin non plus (à mon grand regret d'ailleurs parfois), au cas où. Mieux vaut prévenir que guérir.

Dans votre « chambre », vous aurez besoin d'un sac de couchage de bonne qualité (investir dans du bon matériel est souvent la meilleure option, surtout lorsque vous l'utilisez souvent, plutôt que d'avoir à acheter dix fois le même objet de plus basse qualité), de rideaux calfeutrants (à la fois pour ne pas laisser entrer le froid et pour allumer vos lumières à l'intérieur sans rendre trop visible le fait que quelqu'un vit à l'intérieur du véhicule), et d'un accès facile à l'avant du van en cas d'urgence.

Les imprévus

Ma première panne avec la FloMobile, je la connus dans les montagnes Rocheuses. Sur l'instant, un grand stress m'a envahi et démobilisé, car je n'étais jamais tombé en panne de ma vie. Ne sachant comment réagir à cette odeur de brûlé, signe d'un court-circuit impossible à réparer moi-même, ma première réaction fut de paniquer. Et ma seconde, de rire à ma première réaction.

J'ai beaucoup appris de cette panne. La semaine qui suivit fut une leçon que je m'efforce à garder en moi chaque fois que je dois faire face à un problème : les mésaventures se transforment souvent en expériences positives et pleines d'enseignements.

Lou, le seul garagiste dans ces montagnes, me laissa camper sur son terrain vague au pied des Rocheuses une semaine durant, en attendant que la pièce de rechange pour réparer mon van arrive. Le coût d'une place de camping sans réservation dans la région atteignant les cinquante dollars par nuit, ce fut avec la plus grande gratitude que je stationnai chez Lou.

Sur le moment, je me suis senti frustré de ne pas pouvoir continuer à avancer dans mon voyage, avant de vite comprendre que c'était l'occasion de reprendre mon souffle, d'apprécier l'instant présent et la situation qui s'imposait à moi. C'est à ce moment que j'ai compris que je devrais souvent faire face à des problèmes, et les résoudrais toujours, et donc qu'il ne servait à rien de paniquer. Et puis, tomber en panne dans les Rocheuses… après tout, il y a pire comme mésaventure !

5

Hygiène et vie

Se laver, se chauffer quand on vit en van…

Notre société est-elle obsédée par l'hygiène ?

L'une des préoccupations principales de la vie en van est définitivement la propreté, et dans la construction de son véhicule autonome, pour certains, une salle de bains sera dans le top 3 des choses à avoir, alors que d'autres n'auront même pas de point douche.

Pour la plupart des gens, il est très difficile de concevoir que l'on puisse conserver ne serait-ce que le plus petit degré d'hygiène lorsqu'on emménage dans un véhicule. Mais s'il y a une chose que la vie en van m'a apprise, c'est que nous sommes des êtres d'adaptation et qu'il est possible de s'adapter à tout sans nécessairement tomber dans l'abandon de soi et des soins apportés à son corps. Selon moi, être propre un minimum est indispensable à un certain bien-être et à un bon sommeil. Mais notre société aseptisée est-elle allée trop loin ?

Dans ma vie « normale » sédentaire, je me lavais le matin, je me lavais le soir, si j'allais faire du sport à midi, je me lavais de nouveau… Comme si j'avais peur de laisser mon corps respirer et être lui-même, peur de laisser mon corps se bâtir naturellement une protection contre les éléments.

Quand on vit dans un van, le fait d'être limité dans son accès en eau et en espace nous oblige à traiter nos rituels intimes de façon moins obsessive, mais tout aussi significative et attentionnée, sinon plus.

D'abord, rester deux ou trois jours sans se laver dans des environnements tempérés n'est pas la fin du monde. Au contraire, laisser notre corps tranquille est parfois le meilleur soin qu'on puisse lui apporter. De plus, même sans salle de bains, il existe de nombreuses façons de se nettoyer. On peut s'inspirer des marins et de la technique du gant de toilette dans la bassine d'eau, ou investir dans des lingettes biodégradables – ces deux techniques sont les plus accessibles. Le traditionnel bain dans le lac ou la rivière peut être également apprécié, tout en faisant attention aux sangsues, aux algues et à la dermatite du baigneur. Des simples systèmes de douche par gravité existent et font le travail (cela dit, pas en hiver). N'oublions pas que lorsqu'on se trouve dans la nature, notre corps sent moins car il n'attache pas autant les milliers d'odeurs nauséabondes que l'on trouve en villes.

Dans mon van, je dispose d'une douche intégrée qui se déplie dans l'allée principale et donne sur un drain allant vers le réservoir d'eau grise partagé avec le lavabo de ma petite cuisine. C'est un des grands luxes que je peux m'offrir : prendre quelques litres de mon réservoir d'eau propre pour jouir d'une douche froide de quelques secondes, mais qui sera amplement suffisante pour me sentir comme neuf.

Plus rustiques, les douches solaires sont de plus en plus répandues et commercialisées pour les campeurs, mais même en faisant chauffer l'eau, leur utilisation est très saisonnière car se laver dehors en hiver, à moins d'un grand soleil, n'est pas communément envisageable.

En plus de ma douche améliorée à l'intérieur de la FloMobile, je possède un petit kit de douche par gravité de camping (qui est, pour faire simple, un sac que l'on remplit d'eau et qu'on attache en hauteur, accompagné d'un petit tuyau qui distribue l'eau pour se rincer). C'est très pratique lorsqu'on est dans des endroits sauvages et par grosse chaleur car il permet de ne pas avoir à installer la douche intérieure ni d'utiliser mon eau de réserve qui remplirait ensuite mon réservoir d'eau grise.

Pensez également à vérifier que les produits que vous utilisez sont biodégradables et sans odeur, évidemment meilleurs pour l'environnement, et en général meilleurs pour votre corps aussi (on pourra se fournir en savon noir de type Alep, savon de Marseille ou de Castille par exemple). Attention, certains gels de douche biodégradables ne sont pas faits pour être rejetés dans l'eau.

Comme sur pas mal de sujets, mes convictions sur la question se situent à mi-chemin : quelque part entre les adeptes de la douche automatique et les militants antisavon. À mes yeux, une douche est bien plus qu'un luxe ou qu'un confort, elle permet de se régénérer, de s'extirper d'une activité ou d'une longue journée. Notre corps accumule les microbes, mais accumule aussi les troubles, et psychologiquement, une simple douche, même de trente secondes, me semble comme la plus grande des richesses lorsque j'ai passé une journée intense de sueur physique ou mentale, et que je veux éviter d'aller me coucher avec un « moi » sale à la fois physiquement et psychologiquement.

Le plus cocasse est que les nomades et gens de labeur ont un accès limité à des douches, tandis que les sédentaires, qui sont ceux qui transpirent le moins, sont ceux qui prennent le plus de douches le plus facilement.

L'hygiénisme fut l'une des clés de notre accès à la modernité (avec des côtés positifs comme négatifs), et le nomade sans douche fixe peut quand même profiter de cette valeur commune à toutes les sociétés. Les piscines municipales, les gymnases, les tours de bureau dans les grandes villes, les aires d'autoroute, certaines marinas, certains campings, plages… Tout endroit public, si on recherche bien, dispose de salles de bains qu'on peut utiliser gratuitement ou pour quelques centimes (parfois plus).

Même s'il faut se faire à l'idée que ces douches ne sont pas notre propre salle de bains et sont partagées (j'entends certains penser : « beurk »), en fait peu de ces douches publiques sont régulièrement utilisées et les lieux demeurent donc relativement propres. Les campeurs habitués recommanderont toutefois le port de sandales pour éviter les mycoses, conseil que j'applique religieusement, même si lors d'une traversée du Canada à vélo il y a une dizaine d'années, moi et mon ami nous sommes douchés presque tous les soirs dans des salles de bains publiques sans sandales… et sommes encore vivants.

Bref, l'accès à l'hygiène, à l'instar du reste, se repense très vite quand on vit en van, il suffit de s'adapter à cette nouvelle réalité. Il faudra parfois patienter avant de sauter sous la douche, et l'on ne pourra pas nécessairement rester trente minutes à faire couler une eau brûlante matin et soir. Mais paradoxalement, cela nous fera apprécier davantage que se laver est un privilège, et nous fera prendre conscience de notre consommation d'eau.

Rendre difficile l'accès aux luxes que l'on prend pour acquis a pour conséquence de nous faire apprécier les commodités les plus basiques et de redéfinir notre conception du confort. C'est l'une des valeurs principales que la vie nomade inculque.

C'est également le cas pour faire ses besoins.

Ce sujet est parfois complexe à aborder car, au-delà du tabou, nous sommes tous différents dans notre usage des toilettes. Déjà, entre hommes et femmes, certaines distinctions évidentes se posent, mais également, en fonction de notre âge et de nos habitudes, certains peuvent véritablement vivre un blocage qui pose un risque de santé à ne pas négliger. Je ne peux donc que vous faire part de mon expérience qui est la suivante.

Je dispose de toilettes sèches dans mon van, mais favorise l'utilisation des toilettes publiques dès que je le peux. Centres commerciaux, stations-service (à éviter car ce sont souvent les pires), cafés, bibliothèques… Cependant, afin de vous montrer comment ma vision de la chose a évolué, ce récit devrait commencer avant ma vie en van. Bien avant.

À l'école, pour une raison ou pour une autre, j'ai, pendant plusieurs années, évité d'utiliser les toilettes. Même pour un simple numéro un. Mon seul confort était chez mes parents, et tous les soirs je m'y ruais dès que je rentrais à la maison. On pourrait se demander d'où vient ce dégoût ou ce blocage, et avant d'écrire ces lignes, je ne parvenais pas à expliquer le traumatisme originel menant à ces années passées tel un chien laissé à l'intérieur toute la journée, attendant qu'on le sorte une fois le soir et une fois le matin suivant pour se soulager.

Quand j'avais six ans, dans ma première année d'école primaire, j'ai eu le malheur de, comme on dit, « faire dans ma culotte ». Personne ne l'a su. Vous êtes les premiers. Et j'ai porté toute un après-midi, et pendant les trente-cinq minutes du trajet de retour à la maison, cette honte et cet inconfort pourtant léger, mais si lourd et pesant.

Peut-être dois-je à cette chose anodine pour un enfant qui sort de la petite école d'avoir passé le restant de mes jours, et jusqu'à l'adolescence, sans utiliser de toilettes publiques (soit dit en passant, un grand danger pour la santé). Je ne pensais pas un jour faire part de cette histoire, ni que ce livre s'avérerait un ouvrage post-traumatique ! En devenant adulte, j'ai gardé cet attachement à l'unicité des toilettes que j'utilisais, même si, en passant plus de temps à l'université et par la suite à un bureau, je me suis lié d'amitié avec ces places, devenues un confort également utile pour retrouver une certaine intimité et introspection. Quand on y pense, les toilettes sont l'un de ces rares endroits, dans notre société densément peuplée, où l'on peut se retrouver vraiment seuls.

Aujourd'hui, ma vie en van inclut le luxe de centaines de milliers de toilettes à disposition tout autour de moi, et le fait de ne pas avoir de chez-moi pour y retourner ne m'a pas donné d'autre choix que d'apprivoiser ces lieux comme si tous étaient les miens. De nouveau, adapter son confort (certains trouveront peut-être cela extrême, je le conçois) même dans le fait de faire ses besoins, rend l'expérience encore plus luxueuse.

L'ultime luxe est donc mes toilettes intérieures que j'utilise à l'occasion avec grande délectation (ce sont les petites choses de la vie qui comptent), mais parmi toutes les places où j'ai pu laisser ma trace, je peux établir un top 3. Avouez, vous ne vous attendiez pas à une liste d'endroits où poser son meilleur caca (et je m'excuse d'avance envers ma mère si elle lit ces lignes de grande littérature) !

Commençons par la fin, et plus sérieusement, pour ceux vraiment intéressés par le sujet, le troisième endroit à utiliser, ce sont les toilettes annexes du fond des centres commerciaux. Souvent indiquées par un logo qui représente une famille, le fait qu'elles soient plus loin et nécessitent une longue marche donne des lieux la plupart du temps très propres et très peu fréquentés (surtout le matin).

Le deuxième endroit, ce serait les cafés franchisés du type Starbucks. De la même manière que celles des grands magasins, ces toilettes sont facilement accessibles et sont grandes comme trois fois mon van. Elles permettent plus d'intimité, hormis la poignée de porte incessamment remuée lorsqu'il y a beaucoup de monde (on pourrait également penser aux chaînes de restauration rapide également, même si leur salubrité reste à désirer, c'est une bonne solution de secours).

Enfin, mon endroit favori demeure dehors. Dans plusieurs années, nos enfants et leurs enfants apprendront que nous faisions nos besoins dans de l'eau potable, mode de fonctionnement que je trouve mi-aberrant mi-amusant. Lors d'un séjour chez des amis en Colombie-Britannique, mes seules toilettes furent, pendant un mois, des toilettes sèches ouvertes sur la forêt, et je crois n'avoir jamais eu autant de plaisir (même si « plaisir » est un grand mot, je vous l'accorde) à m'adonner à cette tâche qu'ainsi, au milieu du bois, sans même une porte. Il n'y a pas plus grande liberté et rusticité que de faire ses besoins dans les bois, dans le sens où une réelle connexion s'opère. On peut en rire ou se moquer de l'idée, mais qui est le plus fou ? Celui qui sort pour se soulager, comme tous les autres êtres vivants, ou celui qui chi* dans de l'eau qu'il pourrait boire assis sur un siège troué en plastique ?

Pour les numéros un, quand on n'a pas accès à l'extérieur justement, de nombreuses techniques simples existent (pour les femmes également). En général, pour les petites envies, il est toujours bon d'avoir un contenant robuste de détergent à lessive de 2 ou 3 litres par exemple (technique empruntée à l'ami Olivier, voyageur minimaliste en France, qui témoigne à la fin de ce livre).

Quant à se construire des toilettes sèches, de quoi s'agit-il vraiment ?

On appelle parfois ces toilettes « compostables », même si ce qu'on en tire n'est pas du compost car il y a énormément d'étapes avant que le produit final ne soit utilisable – faire du compost implique étaler plusieurs couches de matières organiques riches en carbone (feuilles, sciure de bois, terre…) pour contrer la forte concentration en azote des résidus comme le fumier, les déchets alimentaires, etc. (en outre, ce genre de compost incluant les produits de toilettes compostables serait principalement utilisé pour des jardins floraux et arbres fruitiers, mais pas idéal pour un jardin potager). Mais pour revenir au sujet, les toilettes sèches « à potentiel compostable » sont définitivement la solution idéale pour la vie en van, car une fois qu'on est passé au-dessus des vieilles croyances et usages de notre société évoluée (où la norme est de faire ses besoins dans de l'eau potable pour ensuite rejeter ces eaux usées dans d'autres étendues d'eau propre), on ne peut que tomber sous le charme de la facilité, simplicité et efficacité de ce système.

La plupart des véhicules récréatifs, tentant de récréer l'atmosphère d'une vraie salle de bains du XXe siècle, choisissent d'équiper leurs intérieurs de toilettes chimiques (également pour des raisons de norme légale) dont il faut vider le réservoir presque aussi souvent qu'on les utilise. Ce qui signifie devoir trouver des stations de vidange, et parfois avoir à payer pour simplement vider ses réservoirs.

L'avantage des toilettes sèches est d'être libéré de cette corvée et d'être d'autant plus libre dans la durée de ses virées en van loin de ces stations de vidange.

Il existe différentes façons d'opérer, de la plus basique à la plus sophistiquée. D'ailleurs, certaines sociétés ont compris le marché croissant qui s'ouvre, en proposant des toilettes compostables toutes prêtes qui peuvent valoir jusqu'à 2 000 dollars !

Après beaucoup de recherche et d'analyse de ces toilettes luxueuses, ce qu'elles offrent de plus par rapport à un simple seau et leur coût conséquent, j'en suis venu à la conclusion que l'une des meilleures alternatives est la boîte encastrée à l'intérieur de laquelle un seau de ménage (5 gallons/20 litres) fait office de réceptacle, tandis que la structure permet d'avoir un siège sur le dessus (sur ma chaîne YouTube, vous pouvez retrouver une vidéo explicative montrant les détails de ce système, vidéo intitulée « Comment construire une toilette compostable pour son fourgon aménagé »).

Pour résumer le principe des toilettes sèches, deux solutions s'offrent à vous. La plus simple est d'avoir un seau unique, tandis que l'autre est d'opter pour des toilettes avec séparateur d'urine. Cette dernière solution ajoute une étape de construction, et pour les hommes n'est pas vraiment nécessaire étant donné la faculté masculine de pouvoir faire ça un peu n'importe où… (Pardonnez-moi tous ces détails, mais la vie en van, c'est aussi devoir organiser des choses ridiculement primaires comme cela !)

Une autre étape, à penser si vous convertissez vous-même l'intégralité de votre fourgon, serait d'ajouter un petit ventilateur 12 V allant de votre boîte à toilette vers l'extérieur. Tout dépend si votre toilette est votre unique toilette, mais cette étape, selon mon expérience, n'est pas absolument nécessaire pour une installation simple, si vous avez déjà un ventilateur ailleurs dans votre van, pour la simple et bonne raison qu'avec juste assez de matière riche en carbone (sciure de bois, copeaux, feuilles mortes, résidu de noix de coco...), vous n'aurez presque AUCUNE odeur. D'autant plus que lorsqu'on convertit ou adapte son véhicule, il est toujours mieux de limiter le nombre de trous à percer à travers la carrosserie.

On prépare son seau avec un sac-poubelle noir industriel (les très épais) au fond duquel on dépose des feuilles de papier journal par prévention. À l'intérieur, un sac-poubelle compostable accueillera ce qu'il accueillera... Les copeaux de pin (pour animaux) se vendent à peu près partout, et c'est principalement ce que j'utilise. Une alternative communément utilisée est aussi les résidus de noix de coco déshydratés qui, empaquetés, prennent très peu de place (même s'il vous faut les hydrater avant de les utiliser).

Pour disposer des sacs si vous utilisez des sacs compostables, vous pouvez utiliser n'importe quelle benne à ordures de déchets ménagers ou poubelle que vous utiliseriez si vous jetiez les besoins de votre chien en ville.

Au sujet des déchets, la vie en van n'est pas toujours synonyme de bonne pratique en termes de triage, particulièrement avec les déchets organiques. Je conserve pour ma part les matières recyclables séparées jusqu'à ce que je trouve une poubelle à matière recyclable, et évacue des déchets communs là où je peux. J'ai remarqué que les stations-service ont souvent des poubelles larges sans couvercle qui limitent ce qu'on peut jeter, et j'utilise donc souvent celles-ci pour les déchets communs, avec les sacs des toilettes si besoin.

Je pense que nous avons fait le tour du sujet et pouvons maintenant passer à des considérations moins crues.

La vie en van, c'est aussi vivre main dans la main avec les saisons. Dormir dans un véhicule, c'est être extrêmement sensible aux températures et conditions météorologiques. L'idéal pour les voyageurs à temps plein est de suivre les saisons tempérées. Monter en altitude l'été et descendre vers le sud l'hiver. Malheureusement, tous les voyageurs en van ne peuvent pas se permettre d'être si nomades, et certains préfèrent même l'humidité suffocante et les canicules estivales (allez comprendre !). Un incontournable pour lutter contre la chaleur est de disposer d'un ventilateur au plafond. Tant pour la cuisine que pour les hautes températures, les ventilateurs de type *Fantastic Fan* permettent de faire entrer et sortir de l'air au besoin, avec plusieurs vitesses, et sont indispensables pour évacuer la vapeur, ou tout simplement pour ne pas mourir de chaud.

Avoir un autre petit ventilateur avec un peu d'eau froide est une bonne chose, mais pour survivre à l'été, la clé est la circulation d'air. Les vans déjà convertis par un constructeur sont en général très bien aérés, avec au moins deux ou trois fenêtres (ce qui peut poser un problème pour l'hiver, nous le verrons), tandis que les fourgons aménagés par soi-même peuvent manquer d'ouvertures et devenir de vrais saunas entre juin et septembre. Cela dit, il ne faut pas oublier que bien isoler son fourgon pour l'hiver, c'est aussi l'isoler pour l'été. Lorsqu'il fait chaud, on veut plus d'air, mais on veut également être isolé de la chaleur directe du soleil. Se garer à l'ombre et suivre cette même ombre est une bonne technique afin de revenir le soir dans sa maison-mobile sans avoir l'impression d'entrer dans un four à 200 degrés Celsius. Se doter de panneaux en aluminium réfléchissant fait une grosse différence également pour couvrir les zones exposées.

L'hiver, ayant un véhicule converti, je suis limité dans l'isolation que je peux apporter, mais j'utilise des panneaux moyennement épais de polystyrène pour combler les ouvertures et doubler mes murs. L'uréthane est un isolant communément utilisé pour les vans convertis par soi-même, tout comme la laine de verre, ou encore les panneaux réfléchissants (qui, eux, demandent cependant beaucoup d'espace pour jouir d'une bonne isolation.) À l'inverse de l'été, stationner sous le soleil durant la journée fait toute la différence l'hiver.

Disposer d'un bon chauffage est également important. L'autonomie en électricité solaire étant limitée dans les mois plus froids en raison de l'ensoleillement moindre (à moins de se brancher quelque part), on n'a pas d'autre choix que d'utiliser des énergies non renouvelables ou mi-renouvelables. Je parle évidemment du propane et du bois, deux ressources communément utilisées pour se chauffer.

L'avantage du chauffage au propane est qu'il est souvent déjà intégré dans beaucoup de fourgons et est facile à trouver. De plus en plus de vans s'orientent vers un chauffage plus économique, au diesel ou à l'essence, de type Webasto. Selon l'utilisation, un chauffage de ce style ne devrait pas consommer plus de 2 litres d'essence par nuit, ce qui est avantageux par rapport à un chauffage au propane que l'on ne pourrait pas laisser fonctionner toute une nuit sans consommer beaucoup de propane. Il ne faut pas oublier que ces deux options consommeront également beaucoup d'énergie de votre système électrique et feront pas mal de bruit. De plus, le propane a tendance à rendre beaucoup d'eau, occasionnant de la condensation. En d'autres termes, oubliez l'idée de faire sécher vos vêtements mouillés s'il pleut pendant trois jours de suite.

Une alternative de plus en plus utilisée est le poêle à bois. Nombreuses sont les sociétés qui fabriquent aujourd'hui des poêles à bois modernes pour petits espaces, rendant peu de suie et de fumée à l'intérieur. Le poêle à bois serait une méthode pour laquelle j'opterais sûrement si je devais me refaire un fourgon. On trouve toute sorte de combustible facilement, et il engendre un environnement extrêmement sec, parfait pour faire sécher ses affaires l'hiver et facile à humidifier avec un bol d'eau par exemple. Il permet également de cuisiner des choses simples, ou au moins de faire bouillir de l'eau.

Dans le cas d'une installation très simple en van, des petits chauffages de camping existent et sont très performants. Les chaufferettes de type *Buddy Heater* utilisent des petites bonbonnes de gaz classiques et ont une autonomie de six à neuf heures.

En toute honnêteté, mon expérience à l'est du continent nord-américain m'a démontré qu'il est un peu extrême de souhaiter passer tout l'hiver dans le Nord-Est. Certains le font au Québec, mais beaucoup optent pour partir, soit sur la côte Pacifique, plus clémente (mais pluvieuse), soit au sud-ouest des États-Unis, au Mexique, ou encore Floride. Ils font partie de ce qu'on appelle les *snowbirds*, et ayant moi-même déjà été un *snowbird*, je comprends que cela puisse devenir une addiction que de quitter les températures subarctiques pour la chaleur du soleil d'Arizona ou l'hiver tranquille du Pacifique.

Outre ces considérations techniques et géographiques, disposer d'un bon sac de couchage accompagné d'une doublure en polaire est tout aussi important, car vous ne voulez pas nécessairement laisser un chauffage au propane fonctionner toute une nuit (n'oubliez pas de toujours disposer d'une aération lorsque ce dernier est opérationnel). J'ai passé quelques nuits dans des négatifs doubles (des moins 18, ressenti moins 30 ne sont pas rares au Québec), et dois avouer que ce n'est pas le meilleur des mondes. Il est possible d'y survivre, mais peu agréable d'apprécier pleinement ce genre de froid. Sans oublier que les hivers rudes imposent de préparer son système de canalisations d'eaux pour l'hiver, et par la même occasion de dire adieu à l'autonomie en eau dont on peut jouir le reste de l'année.

Pour faire hiverner mon système de plomberie, je vide tous mes réservoirs et canalisations. Pour s'assurer que rien ne gèle, on peut utiliser de l'antigel non toxique de plomberie et le faire circuler partout. Lorsque viendra le temps de réactiver son système d'eau, il faudra cependant rincer et vidanger plusieurs fois sa réserve d'eau.

Vivre des saisons extrêmes en van est faisable, mais demande beaucoup d'organisation et n'est pas l'idéal, même si de plus en plus de nomades s'y essaient.

Certaines régions du monde se prêtent logiquement à une vie nomade plus agréable et plus facile sur ce plan.

Même si ce n'est pas comparable aux froids que l'on peut vivre en Amérique du Nord, beaucoup d'endroits en Europe ont des hivers rudes et nombreux sont les *vanlifers* qui s'orientent vers le Sud : Espagne, Portugal, Grèce, Maghreb… L'occasion de voir du pays et de se ressourcer.

Cela dit, je crois qu'il est important de garder un sens des saisons. Les humains demeurent des êtres de cycles, et, en tout cas personnellement, je sais qu'il est important pour moi de garder une notion d'avancement dans les saisons. Pluie en automne, neige en hiver, pluie au printemps, chaleurs en été… Je suis persuadé que nous avons besoin de ces changements pour être connectés à notre terre ainsi qu'à nous-mêmes.

6

Équipement

Vivre en van permet de prendre conscience de sa consommation, et, dans une certaine mesure, de vivre en dehors d'un système communément accepté par la majorité. Néanmoins, cela ne veut pas dire être complètement exempté des réalités de notre société, où achats et besoins demeurent omniprésents.

Il peut être paradoxal de se dire minimaliste tout en établissant une liste d'accessoires et d'équipements utiles à la vie en van. Mais à l'instar d'autres éléments de la vie en van, je crois qu'un bon équilibre entre minimum nécessaire et accessoires utiles est l'idéal. Comme exprimé plusieurs fois dans ce livre, la vie en van est une expérience du minimalisme et une redéfinition du confort, mais ne devrait pas non plus être synonyme de misère, surtout si l'on compte vivre dans son véhicule au long terme.

J'ai commencé la vie en van avec très peu. De quoi m'habiller, me brosser les dents, une serviette de camping, et quelques ustensiles de cuisine. Vivre et voyager avec un véhicule m'a fait réaliser qu'il est aussi important d'avoir un minimum d'outils permettant de réparer ce qui se casse, car nécessairement, en vivant dans son véhicule, on sera amené à devoir bricoler par soi-même.

De plus, étant un amateur de sports de plein air, je réalisai très vite que la vie en van était aussi une vie hors du van. Le van étant à la fois le véhicule qui m'amène dans des endroits naturels à explorer de plusieurs manières et mon camp de base. Pour apprécier le plein air, différents instruments peuvent être souhaités. On peut se satisfaire d'une simple paire de chaussures de randonnée, ajouter un vélo ou d'autres appareils, qu'il est intéressant d'avoir quand on se rend dans des endroits éloignés où louer n'est pas toujours une option…

Si ce qu'on possède peut très vite devenir un poids sur nos épaules, certaines possessions peuvent être de réels « activateurs » d'aventure. Il faut donc trouver un équilibre. Juste assez pour avoir du plaisir, juste assez pour ne pas crouler sous les objets. Une technique de la vie minimaliste est de prendre chaque objet, de bien le regarder, de se demander ce qu'il nous apporte comme bonheur et utilité, et quand on l'a utilisé la dernière fois. Je me sépare de tout objet que je n'ai pas utilisé en un an, et pour lequel la réponse à toutes ces questions est « peut-être que j'en aurai besoin un jour ».

Ceux qui suivent « Ma vie en van » sur YouTube savent que les activités extérieures et interactions avec la vie sauvage, la musique, le montage vidéo ainsi que le travail à la ferme sont ce qui fait, justement, ma vie en van, et mes activités principales autres que de simplement voyager en van. J'ai donc peut-être plus de matériel divers qu'un autre voyageur et posséder seulement cent choses n'est pas une règle que je respecte tout le temps, mais vivre pleinement et me déplacer partout avec ma maison ne serait pas possible si je ne disposais pas de certains de ces objets qui, pour moi, sont une extension de la vie en van dans le sens où ils me permettent de m'exprimer et d'apprécier l'endroit où ma vie en van m'emmène.

Voici donc toutes les choses que je possède, classées par catégorie, et qui me permettent de vivre en van à temps plein en termes d'utilité, mais aussi de loisirs.

Van Roadtrek modèle Popular 170, année 1997, châssis Dodge Ram B3500 5.2L, monté sur pneus Nokian Rotiiva AT XL235/75/R15. Réservoir d'eau de 120 litres avec réservoir d'eaux sales, bonbonne de propane intégrée de 20 litres qui alimente deux ronds de cuisinière, frigidaire et chauffage (remplie à peu près une fois par mois en hiver et une fois tous les deux mois en été).

Partie « garage » (dans le compartiment arrière ainsi que dans ma boîte de rangement extérieure)

- Caisse à outils basique : tournevis à embouts divers, marteau, colle glu, multimètre, clés Allen, clé anglaise ajustable, ducktape, silicone, lunettes de protection, gants en latex.
- Trousse de premiers soins et de survie, lampe frontale.
- Accessoires automobiles et divers : gants de travail, câbles de démarrage, nécessaire à vidange d'huile (entonnoir, réceptacle, bidon d'huile 5 litres), liquide lave-glace, jauge de niveaux du liquide de refroidissement, manuel Haynes pour Dodge Vans, kit roue

de secours, compresseur d'air, booster de batterie (qui fait également office de chargeur USB), bâche tissée, cales pour pneus.

- Batterie AGM, onduleur, convertisseur MPPT et panneaux solaires 150 W, multiprise.
- Tuyaux pour eau potable avec régulateur de pression.

Activités de sport/plein air (dans la boîte arrière extérieure et l'armoire de garde-robe)

- Vélo de route avec pneus tous chemins et sacoche avant, pantalon de pluie.
- Packraft (embarcation gonflable portative), modèle Kokopelli Rogue avec jupette, nécessaire de kayak et sac étanche, mini-kit de pêche.
- Chaussures de trail-running pour randonnée, guêtres, crampons, pantalon/short de randonnée, cagoule, kit de scout/premiers soins, bombe repousse-ours, bâtons de randonnée, sac de randonnée, mousquetons, couteau de chasse, sacs Ziplock, filtre à eau, jumelles, balise de secours/GPS avec localisation à la demande, lampe torche.

Musique et livres

- Guitare 12 cordes (rangée derrière le siège conducteur).
- Harmonica en do et ré.
- Banjo (dans la garde-robe).
- Clavier midi (dans l'armoire principale).
- Petit ampli 20 W.

- Une dizaine de livres, atlas, cahiers dans le rangement latéral et l'armoire du lit.

Équipement vidéo (dans l'armoire principale et différents sacs)

- Caméra Sony Rx100 et Sony A7s mark I.
- Objectifs 24-105 mm et 10-17 mm.
- Trépied télescopique portatif.
- GoPro 3+ black avec différents accessoires.
- Drone Mavic avec deux batteries.
- Téléphone Samsung S7.
- Ordinateur MacBook Air de 2014.
- Chargeurs.

Cuisine (dans le tiroir et l'armoire de cuisine)

- Deux tailles de casseroles et poêles, ustensiles basiques de cuisine, spatule, passoire, deux bols, deux assiettes, deux verres à vin (pour les grandes occasions).
- Bac à vaisselle de la taille de mon évier utilisé pour faire la vaisselle et ranger épices, sacs de noix, légumes, etc.
- Toujours utile à avoir en stock : bicarbonate de soude, vinaigre de pomme/vinaigre blanc.
- Petit frigidaire « trois voies » 12 V ou fonctionnant sur le propane.
- Pour l'eau potable, utilisation de bouteilles de 4 litres rangées sous le siège passager.

Divers

- Sac de couchage type « momie » confort moins 8 degrés Celsius, avec doublure intérieure en polaire amovible.
- Chauffage au propane intégré et chaufferette portable de camping type « Buddy Heater ».
- Poubelle de 5 litres.
- Mini-balayette et pelle.
- Hache et scie de camping.

Il peut être difficile de savoir quoi garder et de quoi se débarrasser avant de se lancer dans une vie nomade. L'approche graduelle est à mes yeux une bonne méthode. Commencer avec très peu et progressivement voir ce que l'on pourrait ajouter à notre flotte. Se débarrasser d'une chose quand on en acquiert une nouvelle est l'une de ces pratiques communément trouvées dans les principes du minimalisme, qui permettent de garder le contrôle sur l'accumulation de possessions. De la même manière, le défi de posséder seulement cent choses est intéressant à se lancer.

En termes de possessions, personne n'est égal. Certaines personnes, à cause de leur profession ou occupation, auront parfois besoin de beaucoup d'équipement, d'autres auront besoin de moins. Lors de ma première année en van, j'étais le plus minimaliste possible, mais j'ai très vite réalisé que certains accessoires étaient importants pour me permettre de vivre pleinement, en particulier un vélo, de quoi pagayer sur l'eau ainsi qu'un bon équipement de randonnée, puisque ce sont trois activités presque vitales pour moi. Tout comme jouer de la musique, et produire du contenu vidéo, qui est l'une de mes professions. Certains sont adeptes d'escalade, d'autres fabriquent des bijoux ou sont tatoueurs. Vivre en van, c'est aussi faire se rencontrer passion et profession, et cela permet une mobilité assez unique afin de garder un bon équilibre entre les deux.

Bref, il n'y a pas vraiment de recette simple ou d'instructions à suivre quant aux objets à garder. Le principal est d'adopter une approche utilitariste : les objets permettent de cultiver certains bonheurs, mais ne nous définissent pas.

La problématique principale dans la société de consommation standard est non pas qu'elle offre tant, mais qu'elle fait croire au consommateur qu'il est ce qu'il achète. En parvenant à se détacher de cette identification aux choses matérielles qu'on accumule, il est possible de vivre pleinement sans tomber dans le schéma classique de la fièvre acheteuse. Cela dit, je peux en témoigner : lorsque je reviens de quelques semaines passées à vivre lentement sans besoin de rien de plus que ce que j'ai déjà, je remarque que retourner dans des centres urbains et de grands magasins active cette tendance à croire que j'ai besoin de tout ce qui se trouve autour de moi.

Vivre en van m'a permis de réaliser les actions conscientes que je fais lorsque je consomme, et qu'il est plutôt difficile d'être en contrôle quand on se trouve dans l'excès.

Mais consommer raisonnablement s'apprend et se cultive.

7

Les dangers et défis de la vie en van

Notre vie prend parfois des airs d'évitement constant de nos peurs. La peur de manquer, la peur de perdre, la peur de gagner, la peur d'être seul, la peur des autres, la peur du vide, la peur de mourir, la peur de l'inconnu, la peur du silence, la peur du noir... Persévérant dans notre quête millénaire de la survie, nous sommes aujourd'hui capables de vivre sans jamais affronter nos peurs, même si ces peurs définissent parfois notre vie.

La peur n'est pourtant que la conséquence d'un manque d'information et de la mauvaise interprétation de notre réalité. On peut avoir mille peurs sans jamais qu'une seule se réalise, mais toutes nos décisions seront prises en fonction d'elles, si bien qu'à force d'éviter nos peurs, on évite notre vie.

Non pas qu'il faille sauter en parachute sans parachute, rouler à 200 kilomètres-heure les yeux fermés, ou marcher sur des serpents, mais faire sens de ce qui nous empêche permet de rationnellement l'affronter. La vie en van, par sa nature marginale et mobile, implique de se confronter à de nombreuses situations que le commun des mortels associerait à plusieurs peurs variées.

La vie en van rappelle que la peur est avant tout le reflet de nos propres insécurités et nullement basée sur un quelconque réel. Une fois cela accepté, notre prise de décision ne sera donc plus basée sur « Qu'est-ce qui peut mal se passer ? », mais plutôt sur « Qu'est-ce qui a le plus de sens dans l'action que je suis en train de prendre ? ». La clé, dans la confrontation à certains dangers et défis lorsqu'on est nomade est de prévenir plutôt que de réagir. Mettre tout de son côté afin de ne pas succomber à une prise de décision émotionnelle et réactive, qui est la recette parfaite des mauvaises surprises.

Que ce soit à cause d'une peur matérielle, d'une insécurité personnelle, ou par peur pour sa vie, nous ne réalisons pas que l'ignorance et le confort facile sont les raisons principales de nos peurs. Ce mode de fonctionnement est en partie dû au fait que notre société a évolué en nous apprenant qu'il faut survivre à tout prix, tout en nous déconnectant des choses qui comptent, forgeant des générations d'humains plus ou moins incapables, sans aucune emprise ou compréhension de leur environnement direct, et jamais encouragés à cultiver leur curiosité. Apprendre à réparer les choses les plus basiques de son véhicule, apprendre à faire son jardin, apprendre à vivre, tout simplement, tout cela se fait en observant mais surtout, en le faisant. En étant curieux et conscient qu'être capable de faire par soi-même les choses de la vie est la plus grande des émancipations.

Vivre de façon nomade, c'est donc rester ouvert au monde mais aussi être prévenant. Il est vrai que limiter toute incertitude et prévenir tout risque peut paraître paradoxal dans l'optique de vivre une vie plus libre, mais la clé pour apprécier son aventure est de contrôler tous les éléments de base afin d'être en mesure d'accepter, voire d'épouser, les risques inhérents à cette aventure et dont certains se réaliseront, qu'on le veuille ou non. En termes concrets, pour la vie en van, qu'est-ce que cela implique ?

Il y a un certain nombre de façons de réduire le nombre de peurs qui ont la mainmise sur nos actions. La première est de constamment s'écouter. Apprendre à écouter son instinct peut paraître un lieu commun, mais c'est essentiel. Cultiver une sorte de conscience de soi qui s'étend autour de soi pour ne pas demeurer aveugle à notre environnement. Si cela vous paraît difficile à concevoir, gardez à l'esprit que cette intelligence situationnelle sera quelque chose que vous construirez en vous au fur et à mesure des expériences.

En arrivant sur un lieu nouveau pour y rester une ou plusieurs nuits, j'applique ce principe (et c'est d'ailleurs pourquoi j'aime arriver sur place plusieurs heures avant que le soir tombe). Regarder autour de soi et porter attention à des signes qui peuvent indiquer la présence de dangers potentiels, qu'ils soient humains ou environnementaux. Toujours avoir un plan B, un plan de sortie, dire à au moins une personne l'endroit où l'on se trouve, ou se munir d'une balise GPS qui peut donner sa localisation (un appareil aujourd'hui très abordable et que je conseille d'acquérir si votre vie nomade vous emmène dans des endroits reculés). Dans une région éloignée, noter le nom des sentiers, lacs, rivières, sommets, ou simplement des aires que l'on va explorer, et avant de s'y rendre, passer par un commerce local ou un bureau de tourisme et dire bonjour, demander plus de détails sur ces endroits en les nommant, établir des contacts locaux…

Quand la peur de périr seul ou de se trouver « au milieu de nulle part » nous saisit, il faut se rappeler qu'à moins d'être en montagne ou dans le Grand Nord, on n'est jamais vraiment seul. Même lorsqu'on se sent seul, ce sentiment n'est qu'une perception fausse, car à quelques pas, vous trouverez forcément quelqu'un pour vous aider. Quelqu'un mettra peut-être quelques heures à se présenter, mais ayez confiance – même si le sentiment de se croire seul est agréable parfois : vous n'êtes jamais vraiment seul. De plus, dans des régions plus reculées, le voyageur nomade réalisera qu'une des valeurs premières des locaux est l'entraide et la solidarité. J'éprouve toujours ce choc culturel lorsque je retourne dans des endroits urbains et réalise qu'il y a tant de monde, que personne ne s'adresse la parole. Ce qui donne la sensation paradoxale d'être constamment entouré, mais plus isolé que jamais, alors que sur les bords d'une rivière perdue au milieu du Montana, un groupe de pêcheurs que vous croisez engagera souvent une longue discussion, parfois profonde, et vous offrira une invitation à se revoir plus tard (je pense à tant d'amis que je me suis faits à travers l'Amérique du Nord, que je n'ai pas dans mes listes d'amis officiels sur les réseaux sociaux, et qui pourtant me connaissant bien mieux que la plupart de mes contacts Facebook…).

Pour ce qui est de la peur des agressions et altercations humaines, elle ne peut qu'être prévenue. Parfois, la mésaventure peut frapper à la porte, et il est vrai que vivre en van donne statistiquement plus de chances de se trouver au mauvais endroit au mauvais moment. Mais en étant proactif plutôt que réactif, on peut tout de même limiter les mauvaises rencontres aléatoires. Savoir que les endroits très touristiques et bondés impliquent la présence d'êtres un peu moins fiables que la moyenne. C'est de nouveau une question de statistiques : plus il y a d'humains concentrés au même endroit, plus il y a de risques de tomber sur des personnes qui souhaitent profiter des circonstances pour abuser de leurs semblables.

D'où l'utilité de toujours conserver une certaine discrétion, de ne pas attirer trop d'attention sur soi, mais de ne pas non plus donner l'impression d'être renfermé – impression qui peut être lue par d'autres comme une occasion d'attaquer. L'homme demeure un animal à de nombreux égards, et certains instincts primaires restent en lui. Il faut donc parfois agir en conséquence en se dotant de moyens de dissuader les comportements agressifs. Certes, c'est là qu'une certaine inégalité émerge entre les humains, un homme à barbe un peu grand seul aura moins de chances de se faire importuner qu'une jeune femme seule. Cela dit, peu importe votre genre, l'énergie et la confiance que vous dégagez ont de fortes chances de vous éviter de l'attention nauséabonde. Il importe donc non seulement être confiant, mais aussi de ne pas réagir à une tentative d'intimidation. Cependant, il arrive que la sympathie, la communication et l'intelligence soient vos meilleures armes, plutôt que d'ignorer vainement une tentative d'approche dont les intentions ne sont pas claires. Étant nomade, n'oubliez pas que décamper est la solution la plus évidente lorsque vous vous sentez menacé.

On pourra s'équiper d'objets spécifiques que je considère personnellement plus comme psychologiquement rassurants qu'effectivement utilisables : je ne me vois pas poignarder quelqu'un et pourtant, j'ai toujours mon couteau de chasse proche de moi.

Mon temps passé dans la nature en territoires de grizzlys et de cougars m'a appris qu'en cas d'attaque, souvent liée à un manque d'information sur les intentions des deux partis, l'une des armes les plus efficaces est le bruit. Je garde toujours proche de moi ma petite bonbonne d'air comprimé (dans le genre de celles utilisées par les marins ou les supporters de clubs sportifs dans les stades). Dans le premier temps d'une attaque, un bruit assourdissant dissuadera la majorité des agresseurs, à deux ou quatre pattes. C'est seulement en cas de prédation avancée que de la défense plus rapprochée pourra être considérée. Les législations variant selon les États et selon les armes, informez-vous de ce que vous pouvez avoir en votre possession tout en gardant à l'esprit qu'en cas d'extrême urgence, il vous faudra savoir l'utiliser parfaitement, et toujours être irréprochable au regard de la loi, qui peut parfois sanctionner l'autodéfense.

C'est pour cette raison qu'à mes yeux, la prévention et la dissuasion sont les meilleures armes. Je garde toujours le siège conducteur prêt à partir, et lorsque je ne suis pas dans la nature, je conserve une sorte de barrière entre l'endroit où je dors et les portières à l'avant. Également, et à mon grand regret (car j'apprécie l'idée d'être déconnecté), je garde toujours mon téléphone cellulaire proche – au cas où.

Certains maux nécessaires peuvent également rassurer. Bien entendu, notre société de marché a exploité la peur par le biais d'assurances en tous genres, qui grèvent une partie de mon budget et qui assurent (c'est le principe initial…) une certaine tranquillité d'esprit. Au cas où. D'abord, assurer son véhicule est obligatoire, et rouler sans assurance est idiot car ce n'est pas contre vous-même qu'il faut vous assurer, mais bien contre les autres. Or, s'il y a un endroit où les autres sont dangereux, c'est bien sur la route. Une assurance contre le vol est envisageable, surtout si vous voyagez avec des biens matériels pour votre travail. Notons cependant que je privilégie d'acquérir tout en seconde main. Plus économique, plus responsable qu'acheter neuf, et cela me permet, si jamais quelque chose était dérobé, de pouvoir le racheter par moi-même plutôt que de compter sur le temps qu'il faudrait pour déclarer un vol.

De la même manière, nos véhicules-maisons sont irremplaçables et les réparer en cas de dommage peut demander bien plus que réparer une simple voiture (ce qui explique certaines difficultés pour assurer un véhicule converti par soi-même – avant de convertir votre van, soyez certains que vos modifications entrent juste assez dans toutes les petites cases des contrôles techniques et réglementations afin de ne pas avoir de problèmes plus tard). De plus, une assurance voyage (pour ceux qui sortent de leur pays de résidence) est un incontournable. Aux yeux de certains, les assurances sont une arnaque organisée autour de l'exploitation de nos peurs et conçues pour NE PAS avoir à nous assurer en cas de réel problème. C'est une manière de voir les choses. Cela dit, on peut apprendre des erreurs des autres et comprendre la rationalité d'une assurance voyage. Lorsqu'on s'intéresse au sujet, on s'aperçoit que nombreux sont les faits divers qui relatent un incident où des voyageurs ayant eu un pépin se voient endettés pour des centaines de milliers d'euros ou de dollars parce qu'ils n'avaient pas d'assurance voyage. Donc certes, on peut voir ces assurances comme jeter 40 dollars par mois aux vidanges, mais selon moi, ce sont 40 dollars qui valent la peine d'être jetés.

Pour résumer, faites confiance à votre capacité de résoudre les problèmes. Un talent qui s'affinera avec votre vie nomade, je peux vous le garantir. Écouter son instinct, ou s'écouter tout simplement, est, en cas d'incertitude, le meilleur allié contre la peur.

Bob Wells est un nomade sexagénaire vivant dans son van à temps plein aux États-Unis et une figure authentique de ce mouvement nomade minimaliste. Lorsqu'on lui pose la question de la peur, son conseil pour tous les apprentis nomades est le suivant :

La meilleure manière de passer au-dessus de nos peurs est de les embrasser. En fait, je dirais même qu'on a besoin de la peur, car elle est nécessaire, voire indispensable. La peur est un cadeau que l'humanité s'est offert à elle-même pour rester en sécurité. Au lieu de voir la peur comme un ennemi, il faudrait plutôt la considérer comme un message amical qui nous est adressé pour nous demander des nouvelles. Ces avertissements nous

disent ce qui POURRAIT se passer, et non ce qui se passera. Leur utilité est de nous donner une chance de suivre les étapes afin d'accéder de la meilleure des manières à notre nouvelle vie.
Il faut coopérer avec ses peurs, faire une liste de toutes les choses négatives que nos peurs créent par rapport au projet de vivre dans son véhicule.

Au lieu de voir ces peurs comme des raisons supplémentaires de ne pas faire telle ou telle chose, Bob Wells recommande de les prendre comme des avertissements positifs nous demandant si on souhaite vraiment cette vie. Il poursuit :

Concrètement, je conseille à tout le monde de prendre leur plus grande peur, la plus dramatique, et d'imaginer toutes les choses les plus horribles qui peuvent en découler. Et au lieu d'en être terrifié, imaginez ce que vous pouvez faire pour prévenir tout ce qui pourrait arriver.

On pourrait même dresser une liste de ces peurs reliées à la vie en van :

- ne plus avoir d'argent ;
- tomber en panne, avoir un accident ;
- être agressé ;
- se retrouver seul ;
- avoir un problème de santé ;
- avoir peur du regard des autres parce qu'on vit dans sa voiture ;
- …[ajoutez vos propres peurs à cette liste].

Ce que Bob Wells conseille, c'est d'imaginer comment chacune de ces peurs pourrait se matérialiser, et de répondre aux questions : Quelle est la probabilité que cela arrive ? Est-ce un risque imaginé ou un risque réel ? Quelles mesures puis-je prendre pour prévenir cela ? Et si ça devait arriver, comment puis-je me préparer au pire afin d'être le moins affecté possible par la situation ?

Le simple fait de méditer sur chacun de ces peurs devrait, selon Bob, à la fois diminuer leur aspect dramatique et nous permettre de trouver les solutions adaptées à chaque peur, le principal étant de ne pas rester paralysé par ses peurs, et plutôt de les considérer comme un encouragement à prendre des mesures concrètes pour les résoudre.

Bob Wells est le créateur de la chaîne CheapRVLiving, une vraie ressource pour retrouver témoignages authentiques et idées concrètes sur la vie nomade.

Nous avons évoqué les peurs et dangers physiques et matériels, mais qu'en est-il des dangers psychologiques reliés à la vie en van ? On peut idéaliser la vie nomade car elle incarne une des réponses au malaise sociétal que plusieurs vivent aujourd'hui, et évoque un certain romantisme. Mais il ne faut pas oublier qu'il n'existe pas un mode de vie sans aspects négatifs. Et outre une certaine précarité (qui est cependant une bénédiction cachée) liée à la vie sur la route, les problèmes psychologiques de notre vie passée ne disparaîtront pas en emménageant dans un véhicule. Des problèmes pourront s'effacer momentanément et d'autres apparaître.

Réalisons bien que toute liberté acquise vient avec son lot de défis à surmonter.

La liberté est tout d'abord un terme bien relatif. Est-on libre lorsqu'on est trop libre ? La liberté sert-elle à quelque chose si on ne sait pas quoi en faire ? Mon but est-il d'être libre ou de vivre simplement ? Deux choses bien différentes. Tant de questions personnelles aux réponses multiples. Le danger numéro un auquel je fais souvent face est une certaine addiction à prendre la route, qui peut devenir synonyme de fuite. Fuir peut être utile, mais n'est qu'une solution temporaire. Lorsqu'on vit seul sur la route, on peut également se déconnecter des réalités sociales, dans un mauvais sens. C'est la remarque que j'entends le plus lorsque j'évoque l'idée de cultiver une certaine solitude. Beaucoup évoquent l'histoire de Christopher McCandless, rendue célèbre par le livre et film *Into the Wild*, et cette fameuse citation : « Le bonheur n'est vrai que lorsqu'il est partagé. » En partie valable, cette idée d'un bonheur seulement réel si on a quelqu'un avec nous se limite à l'existence d'un entourage choisi. À l'inverse, la peur de la solitude nous rend parfois trop peu regardants sur les relations que l'on entretient. Ce qui permet de réaliser de nouveau que, malgré le côté un peu extrême d'une vie nomade à temps plein, garder un certain équilibre est primordial et n'est jamais une évidence. Que l'on vive en van ou non.

8

Témoignages

« Ma vie en van », c'est aussi la vie en van des autres. Les néonomades sont de plus en plus nombreux aujourd'hui et, ayant monologué pendant la plus grande partie de ce livre, j'ai pensé qu'il serait intéressant de finir cet ouvrage en vous faisant partager l'expérience d'autres personnes qui ont choisi cette vie.

Ils sont jeunes, vieux, seuls, en famille, vivent dans des véhicules de tailles différentes, de façons différentes, à travers plusieurs pays et continents, et ont accepté de répondre en toute transparence à mes questions sur leur vécu.

Des raisons variées les ont poussés à franchir le pas de la vie nomade, mais je crois qu'on peut facilement noter une ligne commune partagée par tous : le besoin de se créer sa propre réalité et de cultiver un esprit de simplicité, et par la même occasion… de liberté.

Voici donc leur expérience.

Olivier vit et voyage à travers la France dans un van utilitaire Kangoo aménagé par lui-même.

Dans quel véhicule vis-tu / avec qui / où / depuis combien de temps ?

J'ai un Kangoo aménagé, que je vais changer sous peu pour plus grand, genre Renault Trafic. Je me suis lancé dans l'aventure *vanlife* en mai 2017, délibérément en solitaire pour une liberté totale.

Qu'est-ce qui t'a poussé à vivre dans un van ?

Le ras-le-bol de payer un loyer, et tout le stress inutile qui va avec un logement et la vie sédentaire. Je n'avais plus rien sur le compte en banque dès le milieu du mois et j'avais l'impression de ne pas profiter de la vie.

En plus, j'avais le sentiment que, l'âge venant, le compte à rebours avait bien commencé et qu'il me fallait envisager rapidement un changement radical de vie si je voulais expérimenter de nouvelles aventures et de nouveaux plaisirs durant le temps qui me restait sur cette planète. Je me suis donc dit que la meilleure façon de réduire ces coûts et de retrouver de l'optimisme était la vie en mode nomade, donc dans un fourgon aménagé ou un van. Cela coïncidait également avec un état d'esprit et un désir anciens : j'ai toujours été hippie dans l'âme, je refuse la mode et la consommation à outrance, et ce mode de vie minimaliste me semblait une aventure à tenter.

Quelles étaient les réactions autour de toi ?

Ma famille était sceptique et avait peur que je sombre dans la « clochardisation ». Seuls mes enfants (une fille de vingt et un ans, un fils de dix-sept ans) ont bien compris ma démarche et mon choix qui était plus d'aspirer à une vie simple que de devenir clochard ou marginal. Aujourd'hui ça va mieux, ma mère est l'une de mes plus grandes fans et ne rate aucune de mes vidéos *(Olivier partage ses aventures sur sa chaîne YouTube Kangoovan, et est le créateur du site espritvan.com.)*

TA OU TES SOURCES DE REVENUS POUR TA VIE EN VAN ?

C'est le genre de sujet dont on n'aime pas trop parler en France. Les revenus d'un nomade, et *a fortiori* d'une personne qui travaille sur le Web, peuvent susciter pas mal de jalousies. Disons que je vis d'activités sur le Net depuis de nombreuses années : conception et gestion de sites internet, auxquels s'ajoutent écriture et vente de livres (fictions et guides pratiques) sur Amazon. J'ai également une activité de thérapeute en ligne (consultations par Skype), dont je ne parle pas trop pour ne pas mélanger les genres et garder mes différentes activités bien cloisonnées. Un revenu comme celui issu de YouTube par exemple est pour l'instant négligeable, c'est à peine s'il me permet de faire deux ou trois pleins de gasoil dans mes meilleurs mois. Mais tout ça mis bout à bout me permet de vivre, petitement mais en toute indépendance et sans subir la pression du monde du travail.

LA CHOSE QUE TU AIMES LE PLUS ET LA CHOSE QUE TU DÉTESTES LE PLUS DANS TA VIE EN VAN ?

J'aime l'indépendance, la liberté, les opportunités de rencontres avec des gens très variés, que je n'aurais jamais rencontrés sans ce type de vie. Pas d'horaires à respecter, pas de patron qui m'impose quoi que ce soit. J'aime aussi l'idée de me réveiller sans trop savoir ce que je vais faire de la journée : je suis beaucoup dans l'improvisation, et m'organise en fonction du lieu où je me trouve et de mon inspiration du moment. Et si un lieu, une situation ou des gens me déplaisent, c'est simple : il suffit de reprendre le volant et de partir ailleurs. Il n'y a rien que je déteste pour le moment dans la vie en van. Disons que les questions d'hygiène (douche et compagnie) sont les plus difficiles à gérer au quotidien, mais on arrive toujours à se débrouiller.

Quelles sont tes occupations ? Décris une de tes journées idéales en van.

Sans doute qu'être vidéaste aide grandement à occuper les journées : je suis sans cesse en train de chercher de nouveaux sujets, tourner et monter de nouvelles vidéos. En tant qu'ancien journaliste et reporter TV, je me sens constamment en mode repérage/tournage/montage, et ça me plaît beaucoup. Grâce à YouTube, j'ai l'impression d'exercer à nouveau un métier auquel j'avais renoncé en raison du chômage chronique dans le milieu du journalisme mainstream, et de l'impossibilité pour moi – surtout vu mon âge ! – d'y retrouver un emploi. J'essaye de plus en plus de construire mes vidéos comme de vrais reportages, avec une variété de lieux et de plans, ce qui me donne un gros travail de montage en plus du tournage. Je n'ai donc jamais le temps de m'ennuyer, ni même de ressentir la solitude. Sinon, pour me distraire, j'écoute beaucoup la radio, regarde rapidement les infos sur ma tablette pour me tenir un peu courant des nouvelles du monde extérieur, ou regarde des films le soir grâce à mon forfait 4G.

Ton endroit favori pour passer la nuit ?

C'est très varié : ça peut être un coin de nature isolé et paradisiaque (bord de lac ou de mer, sentier de forêt)... ou un parking de McDo ou d'autoroute. J'avoue que j'aime bien certains endroits que d'autres trouveraient un peu glauques ou sans intérêt : je trouve ça pittoresque, et ça fait aussi partie du charme de la vie en van d'expérimenter des lieux de séjour nocturnes très divers, qui ne relèvent pas forcément tous de la carte postale.

La fois où tu as eu le plus peur ?

Franchement, je ne me souviens pas avoir jamais eu vraiment peur. Comme tous les vanlifeurs, il m'est arrivé de quitter un lieu où je comptais dormir car je ne le sentais pas, mais je n'ai jamais été confronté à une situation où je me suis senti en danger. Quelques fois, j'ai senti la présence de rôdeurs et me suis tenu sur mes gardes, mais rien ne s'est passé.

Au cas où, j'ai mon petit kit d'autodéfense personnel : sifflet, bombe lacrymo, shocker électrique, voire couteau... mais je ne m'en suis jamais servi. Je me dis parfois que, soit je suis très courageux et n'ai peur de rien, soit je suis parfaitement inconscient, ou trop optimiste. Mais je pense surtout que la réalité, c'est que la peur elle-même attire les ennuis. J'essaye donc d'ignorer la peur... tout en étant prêt à me défendre fermement physiquement si le pire survenait : après tout, je suis un grand gaillard d'un mètre quatre-vingt-quatre, encore très en forme, et pas question de me laisser agresser ou dépouiller sans faire de dégâts chez l'ennemi.

S'il y avait une chose que tu aimerais changer ?

Franchement, c'est la compagnie féminine qui me manque le plus. Voyager seul est génial car on part où on veut, quand on veut, le nez au vent, mais je me dis très souvent que ce serait quand même agréable de partager de belles expériences avec une amoureuse et complice. Quand j'ai entamé ce mode de vie, j'étais plus ou moins en couple, mais ça sentait quand même la fin de relation, et ma compagne de l'époque ne supportait pas l'idée que je puisse partir sur les routes longtemps loin d'elle. Question de confiance sans doute : mieux vaut ne pas être jaloux ou jalouse quand on est avec un vanlifeur. Ou, mieux : être soi-même vanlifeur !

Un conseil à partager ?

Si vous envisagez ce type d'aventure en partant de zéro, ne vous mettez pas la pression en aménageant le van parfait : lancez-vous avec ce dont vous disposez (vieille camionnette, voiture…), partez quelques jours avec le strict minimum, et c'est alors que vous prendrez conscience de ce qui vous sera utile si vous comptez partir plus longtemps. Et aussi, en France en tout cas, ne voyez pas trop grand : si vous voulez aller partout et rester discret, il faut pouvoir passer sous les barres de parking. Donc préférez un véhicule d'une hauteur inférieure à deux mètres, et évitez les décorations extérieures type *flower power*, certes sympa mais qui attireront immédiatement les convoitises… et les ennuis avec la maréchaussée.

Stéphane, Christelle et leurs enfants vivent sur la route et ont pris le pari de se lancer en famille dans la vie nomade.

Dans quel véhicule vivez-vous / avec qui / où / depuis combien de temps ?

Nous vivons dans un camping-car Capucine de 7 mètres 50 avec une remorque aménagée (une partie rangement, une partie cuisine) à quatre (deux parents et deux enfants) à temps plein, et avec un troisième enfant pendant les vacances.

Notre véhicule est un sept places en couchage, ce qui nous permet d'avoir les lits prêts en permanence sans toucher à la table à manger.

Nous voyageons essentiellement en France et en Europe. Mais nous prenons le temps et n'avons aucun objectif en nombre de pays. Lorsque nous nous sentons bien, nous y restons quelques jours. Nous voyageons au gré de la météo et des rencontres.

Qu'est-ce qui vous a poussés à vivre dans un van ?

Nous possédions déjà le camping-car depuis un an et demi, et nous voulions changer de mode de vie, continuer notre route vers le minimalisme, modifier notre mode de consommation, gagner en liberté et passer plus de temps avec nos enfants. Pour nous, le camping-car est un outil, un « mode de faire » qui n'est pas forcément notre mode de vie définitif (un de nos projets suivants serait de construire ou d'acquérir une *tiny house*, ou maison en bois autonome et écologique avec tout ce qui va autour : permaculture, etc.).

Quelles étaient les réactions autour de vous ?

Essentiellement, nous suscitons deux réactions majeures. Ce sont soit l'envie et la curiosité qui animent nos interlocuteurs. Soit on nous soupçonne de folie et nous rejette du fait de ce mode de vie différent.

Vos sources de revenus pour la vie en van ?

Nous avons une activité indépendante mise en place depuis déjà deux ans. Nous avons quitté nos postes de cadres pour gagner en confort de vie. Certes, cette décision a divisé nos revenus par trois, mais nous travaillons dix fois moins. Notre temps est notre réelle richesse et nous ne consommons désormais que l'essentiel, donc nous conservons un bon équilibre financier.

La chose que vous aimez le plus et la chose que vous détestez le plus dans votre vie nomade ?

La liberté de pouvoir bouger où nous le souhaitons et quand nous le souhaitons avec notre maison sur le dos tel un escargot n'a pas d'égale. Cela dit, ce qu'on déteste le plus, ce sont les difficultés de stationnement, les interdictions de plus en plus fréquentes et pas forcément justifiées à de nombreux endroits sur le territoire français.

Décrivez une journée idéale en van.

Le matin nous faisons l'école à nos enfants (IEF – instruction en famille), puis consacrons beaucoup de temps à la balade à pied, à vélo, randonnées, visites (églises, châteaux, musées…), et puis des activités ludiques et créatives avec les enfants avec, par exemple, des choses récupérées dans la nature en fonction des saisons et des supports Montessori. Nous aimons acheter sur les marchés et discuter avec les producteurs, ou encore nous rendre directement dans des fermes. Nous cherchons d'ailleurs à diminuer fortement nos achats en magasins qui restent encore trop importants.

Nos activités professionnelles occupent deux heures en moyenne par jour (en début d'après-midi, pendant la sieste des enfants) et nos activités sur YouTube entre deux et cinq heures (en soirée majoritairement). Nous pratiquons occasionnellement le WWOOFING (volontariat dans des fermes), ou des accueils à la ferme, ce qui nous permet d'apprendre, de comprendre et d'expliquer aux enfants les choses les plus élémentaires de la vie.

Votre endroit favori pour passer la nuit…

En pleine nature, seuls.

Avez-vous certaines peurs liées à la vie en van qui vous hantent ? Comment les affrontez-vous ?

Depuis le début de notre vie nomade, nous n'avons pas eu de peurs particulières. Nous évitons de cultiver les peurs liées à l'environnement. Nous pensons que cela est paradoxal avec la vie nomade. Cependant nous avons un bon système de sécurité (alarme, etc.) sur le camping-car et la remorque.

S'il y avait une chose que vous aimeriez changer…

Pouvoir se stationner et dormir où l'on veut, surtout sur les bords de mer. Et pouvoir emmener notre potager partout avec nous !

Un conseil à partager ?

Avant de se lancer dans tout changement de vie, quel qu'il soit, ne pas attendre que tous les voyants soient au vert ! Rien n'est jamais parfait ou idéal.

Stéphane et Christelle partagent leurs expériences sur leur chaîne YouTube FamilyRoss Vlog.

Gerry et Céline ont tout quitté au Québec pour se lancer dans une retraite anticipée et devenir full-timers *sur les routes d'Amérique du Nord.*

Dans quel véhicule vivez-vous / depuis combien de temps ?

Nous vivons dans un GMC Vandura 1980 converti par nous-mêmes depuis mai 2018.

Qu'est-ce qui vous a poussé à vivre dans un van ?

Nous en avions assez du 9 à 5 répétitif et voulions voyager librement. On a donc établi un plan pour se lancer dans la vie nomade à temps plein.

Quelles étaient les réactions autour de vous ?

La famille immédiate était 100 % derrière nous. Beaucoup d'autres nous trouvaient fous au début, mais au fur et à mesure que nous avancions dans le projet, ces mêmes gens qui doutaient ont avoué nous trouver courageux. Il faut le dire, cela occasionne un peu de jalousie aussi.

Vos sources de revenus pour la vie en van ?

Économies et pension.

La chose que vous aimez le plus et la chose que vous détestez le plus dans la vie en van ?

La liberté, simplement. Le pire pour nous est le froid au printemps et à l'automne au Québec, auquel il faut s'adapter en conséquence.

Quelles sont vos occupations (professionnelles/hobby) ?

Nous sommes « jeunes » retraités, et faisons beaucoup de photographie, de lecture, explorons, et également beaucoup de réparations et d'améliorations constantes de notre fourgon.

VOTRE/VOS ENDROITS FAVORIS POUR PASSER LA NUIT…

Sur le bord de l'eau. La province de l'Ile-du-Prince-Édouard sur la côte Atlantique ainsi que la région de la Côte-Nord au Québec sont nos régions favorites pour le moment.

AVEZ-VOUS CERTAINES PEURS LIÉES À LA VIE EN VAN QUI VOUS HANTENT ?

Nous sommes passés près de perdre notre van deux fois cet été. Une fois par le feu et une autre à la suite d'une collision. Notre stress principal, pour sûr, est de perdre notre van.

S'IL Y AVAIT UNE CHOSE QUE VOUS AIMERIEZ CHANGER ?

Avoir un meilleur système de chauffage.

UN CONSEIL À PARTAGER ?

Prendre le temps pour planifier ce changement de vie.

Gerry et Céline partagent leurs expériences et aventures photographiques sur leur blogue tikimotelvan.blogspot.com.

Marina voyage à travers l'Europe avec son chien Odie.

Dans quel genre de véhicule vis-tu ?

Je voyage dans un Renault Kango de 2001 depuis avril 2016.

Qu'est-ce qui t'a poussée à vivre dans un van ? Quels sont des défis qui se sont posés ?

J'ai décidé de voyager en van car c'était pour moi la manière la plus pratique de partir à l'aventure avec mon chien. Être en van me permettait de voyager plus facilement, mais aussi de garder avec moi les choses dont j'avais besoin tout en éliminant les frais de logement.

Quelles sont les réactions autour de toi ?

Je dirais que la moitié des gens pensent que je suis folle, et que l'autre moitié pensent que ce que je fais est la chose la plus cool au monde. C'est certain que beaucoup m'expriment leur inquiétude pour ma sécurité sur la route, me disent de faire attention et de prendre toutes les précautions afin d'éviter de me retrouver dans des situations dangereuses.

Ta ou tes sources de revenus pour ta vie en van ?

La plus grande partie de mon revenu provient de ma compagnie de bijoux Makena on the Road que je vends en ligne. Au cours des années, j'ai essayé de trouver différentes manières pour subvenir à mes besoins tout en étant sur la route, mais créer avec mes mains est la chose qui me convient le mieux.

CE QUE TU AIMES LE PLUS ET CE QUE TU DÉTESTES LE PLUS DANS TA VIE EN VAN ?

J'aime que tout ce dont j'ai besoin se trouve à l'intérieur de mon van. Je peux me trouver n'importe où dans le monde et quand même avoir mon lit, ma plaque de cuisson, mes instruments de musique, des habits pour toutes les saisons et activités…

La chose que je déteste le plus est de me cogner la tête à longueur de journée.

DÉCRIS UNE DE TES JOURNÉES IDÉALES EN VAN.

J'aime tout autant me trouver dehors qu'être à l'intérieur de mon van. Tout dépend de la météo, en fait. S'il fait beau, je vais tout de suite prendre mon sac à dos et partir en randonnée. Ma philosophie est la suivante : si le soleil est dehors, alors on va dehors ! Quand il fait moins beau ou sombre, je retourne en mode « rat de bibliothèque », à lire des livres, jouer de la musique, faire ma joaillerie, et des câlins avec mon chien.

TON ENDROIT FAVORI POUR PASSER LA NUIT ?

Définitivement le bord d'un lac. Si possible avec une forêt de pins autour.

La fois où tu as eu le plus peur ? As-tu certaines peurs liées à la vie en van qui te hantent ? Comment les affrontes tu ?

C'est une sacrée question. Une fois je me trouvais dans le sud de l'Allemagne et quelqu'un m'a suivie dans le noir alors que je retournais vers mon van. J'ai simplement marché aussi vite que je pouvais et vite décampé. Des situations de ce genre arrivent seulement à quelques occasions et n'ont pas nécessairement rapport avec le fait que je vis dans un van (les filles comprendront ce que je veux dire !).

La chose qui me fait le plus peur est de tomber en panne au milieu de nulle part. Ça m'est arrivé quelques fois, et j'ai réalisé qu'il y aura toujours quelqu'un pour vous aider. Et s'il n'y a personne, on peut toujours marcher jusqu'à temps de trouver quelqu'un. Quand on voyage et vit en van, on se doit d'accepter le fait que tôt ou tard, on aura un problème mécanique. Tant que personne n'est blessé, tout va bien !

S'il y avait une chose que tu aimerais changer ?

Je considérerais le fait d'acquérir un véhicule où je peux me lever. La taille de mon van est parfaite pour passer partout tout en restant inaperçu, mais mon dos commence à se rebeller !

Un conseil que tu partagerais ?

Suivre son instinct. Savoir ne pas écouter nos vieilles habitudes. Si vous ne vous sentez pas en sécurité là où vous vous trouvez, même s'il n'y a pas un chat et que l'endroit paraît idyllique, ne pas avoir peur de partir. L'intuition est un outil formidable que beaucoup d'entre nous ont oublié. Aussi, avoir des câbles de démarrage est une chose fantastique à avoir avec soi. Vous me remercierez plus tard !

Vous pouvez retrouver Marina sur son blog pamthevan.com et son compte Instagram @pamthevan.

Pour terminer, je réalise que je ne me suis moi-même pas prêté au jeu de ces dix questions. Voici donc mes réponses.

Dans quel véhicule vis-tu ?

J'ai quitté ma vie sédentaire en 2015 pour emménager dans un van aménagé Roadtrek de 1997.

Qu'est-ce qui t'a poussé à vivre dans un van ?

J'avais déménagé à Toronto à la suite d'une promotion et réalisé que quelque chose me manquait. Je voulais voyager, exercer ma profession dans le documentaire, et malheureusement, avec le prix du loyer dans les grandes villes, ne pouvais m'offrir cela. J'ai donc démissionné avec comme idée générale d'essayer cette vie en van qui commençait à (ré)émerger comme une réelle alternative de vie, surtout aux États-Unis, sans vraiment savoir où cela me mènerait, mais avec la foi dans le fait que c'était ce que je devais faire.

Quelles étaient les réactions autour de toi ?

En général, quand on a un plan de vie, les gens respectent cela et vous soutiennent, ce qui a été le cas pour moi. Toutefois, certaines personnes ne me prenaient pas vraiment au sérieux et pensaient que je vivais juste une crise passagère.

Ta ou tes sources de revenus pour ta vie en van ?

Je suis auteur, réalisateur pigiste, et travaille dans des fermes. À mes yeux, il faut toujours garder une multiplicité de revenus pour pouvoir être autonome et libre. Libre à la fois d'adapter sa vie au revenu qu'on a, et d'adapter son revenu à la vie qu'on souhaite.

En toute transparence, si j'additionne toutes mes activités, mon revenu par mois tourne autour de plus ou moins 400 dollars selon les périodes. Si je ne me déplace pas beaucoup et que je ne reste pas en ville, la vie en van est peu dispendieuse. Mais elle peut aussi coûter cher. Tout est une question d'équilibre. Ce n'est qu'en consommant peu et en se détachant de l'argent comme motivation principale à la vie que l'on peut se satisfaire du nécessaire.

La chose que tu aimes le plus et la chose que tu détestes le plus dans ta vie en van ?

J'aime la liberté de mouvement (qui peut être une facilité) que la vie en van procure et, comme disait Marina plus haut, le fait d'avoir tout ce dont j'ai besoin au même endroit. J'aime moins le fait d'être dépendant du propane par exemple, surtout dans les mois les plus froids où je n'ai pas le choix et dois me chauffer et en utiliser beaucoup.

DÉCRIS UNE DE TES JOURNÉES IDÉALES EN VAN.

Me lever tôt sans réveil, planifier une randonnée, explorer les environs à pied, à vélo, ou en packraft. Cuisiner. Travailler sur un prochain film ou projet créatif. La vie en van encourage beaucoup la créativité et redéfinit les notions de temps et de travail. J'aime l'idée de travailler fort pour les choses qui me passionnent. Ce qui au fond n'est pas vraiment un travail, selon la définition que certains peuvent avoir du travail. J'aime aussi juste rester à l'intérieur du van, lire, écouter un podcast, faire du pop-corn ou un grilled-cheese, un petit verre de vin… Mais cette apparente relaxation ne serait pas appréciable sans les nombreux moments que je passe à cultiver une certaine notion de l'effort et de l'inconfort. Encore une fois… l'équilibre.

TES ENDROITS FAVORIS POUR PASSER LA NUIT…

En forêt proche d'un lac, dans les montagnes ou sur le bord de l'océan. Tout comme Olivier qui nous disait ça plus tôt, j'aime aussi dénicher des endroits plus pittoresques lorsque je dois être en ville, ou élire un quartier comme ma résidence pour quelques jours et en profiter sans avoir à y payer de loyer…

As-tu certaines peurs liées à la vie en van qui te hantent ?

Comme tout le monde, la peur de tomber en panne m'a beaucoup inquiété, jusqu'à ce que je réalise qu'il y a des choses qu'on ne peut pas contrôler, mais que, comme ma mère me l'a toujours inculqué, à tout problème on trouve la solution.

S'il y avait une chose que tu aimerais changer…

Une chose ? Pourquoi pas plusieurs : j'aimerais beaucoup avoir un poêle à bois pour me chauffer et faire sécher facilement mes affaires, disposer d'un four pour cuisiner plus de choses, et pouvoir utiliser l'eau de mon réservoir l'hiver.

Un conseil à partager ?

Je dis souvent qu'une fois un projet en tête, il faut le garder pour soi tant qu'il n'a pas été exécuté, car écouter les autres et trop en parler peut devenir un frein à la réalisation de nos projets. Cela dit, il peut être bon d'écouter les autres, mais sans que ces idées ne viennent perturber notre motivation. Inspirez-vous, mais ne changez pas votre chemin.

Et le meilleur conseil qu'on puisse se donner entre humains est de se faire confiance. À soi-même, aux autres. Que l'on soit seul ou à plusieurs, que l'on ait beaucoup ou peu, la vie en van n'est pas nécessairement une fin en soi mais elle peut devenir une porte ouverte sur le monde, et une redéfinition des possibles.

Avec plusieurs dizaines de milliers de fidèles sur YouTube, *Ma vie en van* est un projet qui s'est ancré comme une référence dans les idées du minimalisme, de la vie nomade et du voyage à long terme.

C'est avec le désir de faire partager au monde francophone les nouvelles perspectives qui parcourent l'Amérique et qui aujourd'hui rejoignent l'Europe que Florent Conti se donne corps et âme dans le partage de son expérience en français, en proposant un contenu mélangeant paysages grandioses, réflexions intimistes et reportages sur les projets d'autres personnes qui repensent la façon dont nous vivons.

Poursuivez le récit et retrouvez Ma vie en van :

Sur YouTube :
http://youtube.com/monvanaucanada

Sur Facebook :
http://facebook.com/mavieenvan

Sur Instagram :
http://instagram.com/mavieenvan

Site Internet :
http://mavieenvan.com

Achevé d'imprimer en janvier 2019
sur les presses de la Nouvelle Imprimerie Laballery
58500 Clamecy
Dépôt légal : février 2019
N° d'impression : 901260

Imprimé en France

La **N**ouvelle **I**mprimerie **L**aballery est titulaire de la marque Imprim'Vert®